LETTRES

DU

CHEVALIER DE BOUFFLERS

A LA

COMTESSE DE SABRAN

Ce volume a été déposé au ministère de l'intérieur (section de la librairie) en décembre 1890.

PARIS. — TYPOGRAPHIE DE E. PLON, NOURRIT ET Cie, RUE GARANCIÈRE, 8.

LETTRES

DU

CHEVALIER DE BOUFFLERS

A LA

COMTESSE DE SABRAN

PUBLIÉES PAR

M. PAUL PRAT

PARIS
LIBRAIRIE PLON
E. PLON, NOURRIT ET Cie, IMPRIMEURS-ÉDITEURS
10, RUE GARANCIÈRE

1891

PRÉFACE

En lisant les papiers laissés par la comtesse de Sabran, nous avons tout particulièrement goûté les premières lettres que lui adressa le chevalier de Boufflers. Ces lettres, soit qu'elles aient échappé aux recherches des éditeurs de son journal, soit pour d'autres motifs que nous ignorons, n'ont pas encore été publiées. Elles nous semblent mériter d'être connues. N'est-il pas naturel, en effet, qu'au moment où pour la première fois son cœur était sérieusement pris, le spirituel chevalier ait trouvé un langage plein de grâce et d'émotion, et qu'il ait mis aussi une certaine coquetterie à se faire connaître sous un jour qui ne fût pas défavorable?

Nous n'avons pas l'intention d'entrer dans de longs détails sur la vie si souvent racontée du chevalier de Boufflers; nous nous contenterons d'en rappeler les principaux traits, et de marquer dans quelles circonstances il écrivit les lettres que nous donnons au lecteur.

Stanislas de Boufflers naquit tout simplement sur une grande route, en 1738, lorsque sa mère se rendait à Nancy. Son humeur se ressentit de cette façon originale de venir au monde. Jamais personnage ne fut moins stable, du berceau à la tombe, et ne justifia mieux cette épitaphe qu'il s'était faite lui-même :

Ci-gît un chevalier qui sans cesse courut,
Qui sur les grands chemins naquit, vécut, mourut,
Pour prouver ce qu'a dit le sage,
Que notre vie est un voyage.

Si par son existence errante il prouva la parole du sage, en cela il ne se montra pas lui-même un sage. « Son mouvement perpétuel, a dit avec raison le prince de Ligne, est ce qui nous a le plus volé de son esprit, et l'on voudrait pouvoir ramasser toutes les idées qu'il a semées çà et là dans ses courses aussi nuisibles à sa bourse qu'à sa réputation. »

Mais revenons à sa naissance. Il eut pour parrain l'ancien roi de Pologne, beau-père de Louis XV. Le surnom de Dame de volupté donné à sa mère indique bien que si elle avait beaucoup de beauté et d'enjouement, elle ne vécut pas précisément en sainte. Le jeune Stanislas n'était pas l'aîné de la famille; il avait un frère et une sœur. Quoique son éducation ne l'y eût guère préparé, on pensa qu'il trouverait dans l'Église une carrière et une fortune. Le voilà donc au séminaire de Saint-Sulpice! Il eut du moins la sagesse de comprendre que ce séjour ne lui convenait pas, et après avoir scandalisé ses pieux camarades par un ouvrage où il n'était pas question de théologie, il en sortit sans même prévenir les siens, qui auraient pu essayer des remontrances.

Il devint alors chevalier de Malte; par ce moyen il conservait d'assez gros bénéfices que le roi Stanislas lui avait conférés. Ayant renoncé à l'espoir d'être évêque et même cardinal, il entra dans l'armée et fit la campagne de Hanovre pendant la guerre de Sept ans. Il s'y distingua par sa bonne humeur au milieu du danger et une bravoure à toute épreuve. La paix conclue, il voyagea et ne fut pas sans aller à Ferney, où il était de bon goût de rendre hommage à Voltaire. A Ferney comme ailleurs il eut un succès complet. On bâillait d'ennui dès qu'il s'éloignait, tant il était inépuisable en saillies heureuses et savait se faire bienvenir. Attiré, choyé, il commença à répandre une foule de petits vers qui ne lui coûtaient pas beaucoup, et qui, s'ils ne visent pas au sublime, sont du tour le plus heureux et ont parfois infiniment de grâce. Nous n'en voulons pour exemple que ces couplets, composés pour une mère et sa fille :

De la tige et du rejeton
La différence est peu de chose;
La fille est le tendre bouton,
La mère est la brillante rose.

Trop ému pour bien décider,
Je vois leur charme sans comprendre
Comment l'une en a pu garder
Autant que l'autre en a su prendre.

Rivales au cœur généreux,
Le bel exemple que le vôtre!
En préférant l'une des deux,
L'on est certain de plaire à l'autre.

Les œuvres de notre poète suffiraient pour nous apprendre que sa vie était loin d'être austère, et qu'il manqua souvent aux vœux qu'il avait prononcés en qualité de chevalier de Malte. C'est au milieu de ces petits triomphes et de ces distractions qu'il connut en 1777 la comtesse de Sabran. Dès lors un grand changement s'opéra en lui; le papillon fut fixé. Il voua à cette femme, moins jolie encore que spirituelle et gracieuse, toute son âme et toutes ses pensées. Il trouva son bonheur à vivre auprès d'elle quand il le pouvait, à lui écrire quand il en était séparé par les nécessités du service militaire.

Cette correspondance est tout simplement charmante. Quelle variété, quelle fraîcheur il met dans l'expression de ses sentiments pour la comtesse, qu'il appelle ma sœur en attendant qu'il lui soit permis de lui donner un autre nom! « C'est de vous, lui dit-il, que j'attends la douceur et la grâce qui me manquent. L'ormeau ne prête à la vigne que ses branches; en reconnaissance elle le pare de ses belles feuilles et de ses doux fruits. Je n'ai pas plus de charme que l'ormeau et je ne sais pas si ma sœur a plus de force que la vigne. Elle a bien, en revanche, la douceur du bon raisin et elle fait bien l'effet du bon vin à ma mauvaise tête. »

M. de Boufflers, qui était colonel du régiment de

Chartres, envoie d'intéressants détails sur les préparatifs qui se font pour une expédition en Angleterre. Cette fois, comme plus tard sous le Consulat, on s'en tint aux préparatifs, et l'on battit les Anglais non pas chez eux, mais en Amérique et dans les mers du Levant, avec l'aide du glorieux bailli de Suffren. Entre deux correspondants aussi bien pourvus d'esprit, les traits plaisants ne devaient pas manquer. Il arrive au chevalier de s'exercer aux dépens du prochain, mais d'ordinaire les blessures que cause sa plume ne sont qu'à fleur de peau. Soit qu'il parle de madame de Fronsac dont les agréments ne durent qu'un quart d'heure, ou de M. de Mailly qui affecte de savoir ce que les autres ignorent pour se dédommager d'ignorer ce que les autres savent, il ne se montre pas bien méchant.

Un mariage secret a-t-il uni de bonne heure le chevalier de Boufflers et la comtesse de Sabran? Les documents qui sont en notre possession ne nous permettent pas de trancher cette question. La célébration publique d'un mariage régulier aurait enlevé au chevalier ses bénéfices de Lorraine, et il ne voulait pas apporter uniquement dans le ménage sa misère et ses cheveux blancs. Il obtint d'être envoyé au Sénégal comme gouverneur. « Si j'étais jeune, si j'étais riche, écrit-il à la comtesse, il y a longtemps que nous porterions le même nom; mais il n'y a qu'un peu d'honneur et de considération qui puisse faire oublier mon âge et ma pauvreté; ma gloire, si j'en acquiers jamais, sera ma dot et ta parure. » Ce que l'on exécute au loin, au Sénégal, n'a pas le retentissement des exploits accomplis en Europe, et le chevalier ne revint peut-être pas aussi célèbre qu'il l'avait rêvé. Il avait pourtant déployé de sérieuses qualités administratives et laissa dans la colonie d'utiles créations.

La Révolution éclata peu après son retour. Député aux États généraux, il reconnut vite que la générosité et les bonnes intentions ne suffisent pas pour prendre une influence sérieuse sur un peuple, dans les grandes crises, et pour maîtriser les tempêtes. Madame de Sabran avait quitté la France après les premiers massacres. Il la rejoignit quand son mandat fut expiré, et durant l'émigration fut l'hôte du prince Henri de Prusse, à qui il avait prodigué les louanges. Il apprit à ses dépens que les protecteurs les plus aimables sont ceux dont on ne réclame pas la protection, et l'ancienne amitié du prince, sous l'empire de fâcheuses influences, subit de graves atteintes. C'est pendant l'émigration que le chevalier, devenu marquis de Boufflers, épousa la comtesse de Sabran.

Bonaparte raya le nom de Boufflers de la liste des proscrits. « Qu'on le fasse revenir, dit-il, il nous fera des chansons. » Il s'agissait bien de chansons! On nous le représente, pendant ses dernières années, sombre, bourru, ennuyeux. Il est difficile de conserver sa gaieté, quand on a traversé de tels orages, quand on a perdu ses amis et sa fortune, quand, après avoir possédé tout ce qui composait l'existence des favoris du sort au siècle dernier, on en est réduit à gagner son pain avec sa plume, à s'atteler à une besogne souvent ingrate, à écrire non pas à ses heures, mais à toute heure, en dépit de la fatigue et de l'inspiration. Tel fut désormais le lot du marquis de Boufflers dans sa situation plus que modeste.

Ce qui surnagea chez lui, ce fut la bonté pour ceux qui l'entouraient. La marquise et son fils nous en fournissent mille preuves dans leurs lettres. Ils sont pleins d'affection et de reconnaissance pour celui qu'ils nomment le petit père. On a été le plus brillant des chevaliers et l'on devient le petit père! La marche est lente, l'œil faible, mais le cœur reste chaud, et toutes les fois qu'il y a un service à rendre, il s'agite autant que ses forces le lui permettent. Tantôt il soutient la marquise accablée de rhumatismes et dirige sa promenade, tantôt il sollicite pour faire sortir de prison le comte Elzéar de Sabran, qu'une imprudence a conduit à Vincennes. Ce fut pour lui une secousse terrible, et à partir de ce moment il dépérit. Il fut pourtant témoin de la première Restauration et ne mourut qu'au mois de janvier 1815.

M. de Boufflers souhaitait que l'âme de Voltaire allât au ciel et que son esprit restât sur terre. Nous n'avons pas à rechercher ce qu'a pu devenir l'âme de Voltaire, mais nous pensons que celle de M. de Boufflers a trouvé le repos que lui ont mérité tant de traverses noblement supportées. Quant à son esprit, si nous présentons ses lettres au public, c'est pour qu'il reste sur la terre, et il ne nous en voudra pas de l'aider à s'y fixer.

L'aimable chevalier qui nous donne aussi des conseils littéraires nous prêche l'économie des mots. En 1778, il y avait déjà des bavards en France, bien qu'il y eût moins d'avocats et pas de députés. Nous ne voulons pas mériter le reproche de bavardage en le saluant trop longuement avant de lui laisser la parole.

En 1777, le régiment du chevalier de Boufflers tenait garnison en Bretagne. C'est à ce moment que le brillant chevalier, étant venu à Paris, rencontra la comtesse de Sabran, probablement chez la maréchale de Luxembourg. La comtesse avait de la grâce, de l'esprit et du savoir. La vie mondaine ne l'avait pas empêchée d'étendre les connaissances qu'elle avait reçues dans sa jeunesse. Elle aimait les arts, qu'elle cultivait avec goût, et l'abbé Delille lui donna des leçons de littérature et de latin. La fameuse traduction des *Géorgiques* de l'abbé inspira à quelques femmes le désir d'apprendre le latin; il est certain qu'elles n'en écrivirent pas plus mal le français.

Le chevalier de Boufflers goûta très vite l'aimable élève de Delille; il se fit, lui aussi, son professeur. Elle lui soumettait tout ce qu'elle produisait, et ses appréciations n'étaient pas uniquement des éloges. On est un peu surpris de voir cette correspondance amoureuse traversée par des conseils fort judicieux sur la manière de traduire tel ou tel vers d'Ovide ou de Sénèque.

La première lettre du recueil n'est qu'un simple

billet encore très cérémonieux. Mais la liaison ne tarde pas à devenir plus intime, et dès la seconde lettre, adressée de Bretagne après son départ, le chevalier appelle la comtesse *ma sœur*.

LETTRES

DU

CHEVALIER DE BOUFFLERS

A LA

COMTESSE DE SABRAN

I

Je voudrais bien avoir de bonnes nouvelles de votre santé, Madame la comtesse, et porter à Montmorency (1) l'espérance de vous y voir. Il est bien généreux à moi de vous faire observer que le temps est très rude et qu'il n'est peut-être pas prudent de tenir votre parole.

Voilà les mémoires de M. de Saint-Germain (2) que je renvoie à Monseigneur (3). On dirait que l'auteur est plutôt ecclésiastique que guerrier, et s'ils ne sont pas du général des Capucins, ils sont tout au moins du Capucin des généraux.

Si j'avais les talents que j'envie tous les jours à Madame la comtesse, je me peindrais à ses pieds.

---

(1) Le château de Montmorency appartenait à la maréchale de Luxembourg.

(2) Le comte de Saint-Germain fut ministre de la guerre au début du règne de Louis XVI ; il se fit beaucoup d'ennemis par son austérité et l'introduction dans l'armée de la discipline allemande.

(3) Mgr de Sabran, évêque de Laon, était beau-frère de madame de Sabran.

II

Je ne veux point parler à ma sœur de mon chagrin de l'avoir si mal vue dimanche et de ne l'avoir pas vue du tout lundi. Ma sœur est pour moi comme les rois à qui il ne faut montrer que des visages contents. Par bonheur, elle ne peut pas voir le mien quand je suis à cent cinquante lieues d'elle.

Je suis arrivé en grande hâte pour ne rien faire. Il n'est pas plus question de se battre en Bretagne qu'au couvent de la Visitation, et il paraît que nous en serons quittes, non pas pour la peur, mais pour l'ennui (1).

Mon Dieu, chère sœur, quand vous reverrai-je? Je suis comme un avare éloigné de son trésor : à la vérité il n'en jouissait pas, mais il le contemplait toute la journée. Je n'ai ni livres ni couleurs; j'ai laissé chez vous mes connaissances et mes goûts. Tout ce qui me plaît est resté avec tout ce que j'aime.

Écrivez-moi un peu, chère et charmante sœur; je ne vivrai que de votre souvenir. Les prédicateurs et même les métaphysiciens ne vous ont-ils pas dit que si Dieu oubliait un moment le monde, il tomberait dans le néant? Vous êtes ce Dieu-là, et moi, je suis ce monde; ne m'oubliez pas.

Adieu, chère sœur; continuez votre Ovide. Que je vous

(1) La France était pourtant à la veille d'une rupture avec l'Angleterre; cette rupture eut lieu le 13 mars 1778, à la suite des promesses faites aux Américains révoltés.

retrouve un peu forte, et qu'il ne soit pas dit que j'ai perdu mon latin avec vous.

III

Le jour de la Nativité de Notre-Seigneur.

J'espère vous voir bientôt, chère sœur, occupée comme à l'ordinaire au tableau éternel de madame de Rochefort. Si vous attendiez Ulysse, je concevrais cette marche-là; mais il faudrait être plus fin que lui pour se faire attendre comme lui. D'ailleurs, vos amants ont encore moins beau jeu que ceux de Pénélope. Il me semble, si j'ai bien lu *un vieux Plutarque à mettre mes rabats,* que la besogne de ces messieurs avançait un peu plus que celle de la dame (1).

Je viens dans ce moment de Saint-Malo, que je n'avais jamais vu. C'est la ville la plus curieuse de France, au physique et au moral. C'est une démocratie dans une monarchie, située tantôt dans un pays, tantôt dans une mer. Et quelle mer! Elle y monte, à jour et à heure nommés, jusqu'à quarante-cinq pieds de haut. La ville ne tient à la terre que par une chaussée étroite qu'on appelle le *Sillon*, contre laquelle les vagues mugissent, frappent et s'élèvent des deux côtés, en sorte que souvent les voyageurs passent sous une voûte d'eau. Moi qui ai voulu

---

(1) Pénélope, pour se délivrer des poursuites de ceux qui prétendaient à sa main, avait promis de faire un choix quand elle aurait achevé une pièce de toile commencée; mais elle défaisait la nuit ce qu'elle avait tissu le jour. Quelques écrivains disent qu'elle n'a pas mérité cette réputation de fidélité envers Ulysse.

prendre le raccourci par amitié pour mon cheval, j'ai pensé en être la dupe. La mer montait, le jour baissait, et j'allais être pris par la nuit sans d'honnêtes gens qui m'ont averti de loin, et qui sont même venus à moi pour me mettre dans la bonne voie. (Il est donc dit que je ne la prendrai jamais, cette bonne voie.)

J'ai été voir les différents rochers fortifiés qui défendent l'approche de Saint-Malo, entre autres la *Couchée*, qui est à une lieue en mer, où on n'est jamais sûr d'aborder et d'où on n'est jamais sûr de revenir. La mer a été fort complaisante pour moi, car je l'ai passée et repassée comme la Seine. Les forts me dégoûtent de la guerre; je ne pense pas sans frissonner que pour les querelles des rois qui n'y pensent pas et des nations qui n'en savent rien, il y a des milliers d'hommes choisis pour leur valeur et leur probité, qui s'ennuient des années entières dans les plus horribles prisons. Mourir n'est rien, se battre est assez joli, mais s'ennuyer est affreux.

Je me suis fort amusé à Rennes, au milieu du tumulte des États. Je démêlais avec quelque plaisir l'accent de la liberté et de son fils aîné, le patriotisme. J'étais né pour d'autres temps, d'autres lieux et d'autres lois. Il me semble qu'à Athènes et même à Sparte j'aurais valu quelque chose. Pour être citoyen il ne me manque qu'une patrie. Je suis comme ces pauvres diables d'enfants trouvés, qui seraient les meilleurs parents du monde s'ils avaient une famille. De ce côté-là je suis bien, et j'ai une certaine sœur que je ne donnerais pas pour une famille entière.

Adieu, sœur, accoutumez-vous à être aimée, car je ne finirai pas par complaisance pour vous.

IV

Brest, ce 21.

Je voudrais bien savoir quelques nouvelles de cette poitrine, dont il me semble entendre d'ici la petite toux; je voudrais en savoir de ces enfants dont les moindres maux rendent leur mère malade; je voudrais même en savoir de ces tableaux qu'on commence avec tant d'ardeur, qu'on compose avec tant d'esprit et qu'on finit avec tant de peine. Enfin, je voudrais savoir tout ce qui se passe dans cette maison, où tout m'intéresse, où tout me charme, et où pourtant il me manque tant de choses. Écrivez-moi, ma sœur, et pensez que c'est de votre plume mal taillée et de votre écritoire sans encre que dépend toute ma consolation.

Ce pays-ci est plein d'ennuis, et nous n'en serons payés par aucune gloire. Je n'ai rien à vous en mander; tout ce que nous y faisons dépend des nouvelles d'Angleterre que vous avez cinq jours avant nous, et suivant que vous les interprétez nous sommes en mouvement ou en repos. En tout nous prenons beaucoup de précautions, dont une partie me paraît insuffisante et l'autre inutile.

J'espère que vous avez vu Voltaire (1). Je crains que son séjour ne soit trop long; Paris est trop jeune pour lui. La première curiosité une fois passée, on le laissera là. D'ailleurs, il doit avoir de la peine à sanctifier la maison qu'il habite. On dit que ses pièces ne seront pas reçues ou

(1) Voltaire était arrivé à Paris le 10 février 1778.

qu'elles tomberont; de manière ou d'autre je prévois avec peine que son triomphe sera suivi de chagrins. Si vous avez occasion de le voir un peu de suite, mettez-vous bien à votre aise avec lui; vous le charmerez. Si j'étais là, je saurais bien lui dire la différence qu'il y a de vous à une jolie femme; cela est moins sensible à l'œil qu'à l'esprit.

Adieu, chère sœur; je sens que je suis importun, et je le sens même aux efforts que je fais pour ne l'être pas. Ce n'est point mon défaut ordinaire, prenez-vous-en à un autre qu'à moi. Ne dites pas à madame d'Andlau (1) de quelle part vous l'embrassez. Mais surtout baisez Delphine et Elzéar de la part de l'homme du monde qui leur veut le plus de bien et à qui ils font le plus de mal. Les pauvres enfants en seraient touchés s'ils le savaient.

Adieu encore; à propos, j'aime infiniment la duchesse de Brancas, dites-moi pourquoi.

Cara soror, ignosce fratri dementi, nam qui per te insanit non admodum est insanus (2).

V

Landerneau, ce 2 mars.

Enfin elle s'est ressouvenue de moi, cette charmante sœur; elle m'a écrit avec cette bonté, cette grâce et cette gaieté qui charment si bien son frère. Mais pourquoi cette lettre si désirée est-elle arrivée si tard? Pourquoi l'adresser à Brest pour qu'elle me revienne le lendemain à Lander-

(1) Madame d'Andlau était la fille du philosophe Helvétius.

(2) Chère sœur, pardonne à un frère insensé, car celui qui perd la raison à cause de toi n'est pas tout à fait insensé.

neau, et pour que je passe encore un jour dans l'amertume, dans l'inquiétude et, pour dire le vrai mot, dans la fureur de me croire oublié? Ma lettre de colère était déjà écrite; vous en auriez ri et j'en ris moi-même à présent, mais j'en étais bien loin en l'écrivant.

Je voudrais bien voir ce charmant portrait; s'il est si bien fixé, envoyez-le-moi. Pour peu qu'il y ait quelque chose de vous, il sera bien reçu; pour peu qu'il y manque quelque chose de vous, il sera bien critiqué. Ah! mon cher petit profil, que ne vous ai-je emporté en Bretagne! Je parie qu'il traîne toujours partout comme à son ordinaire, mal encadré, mal attaché, promené sur toutes les tables, sur toutes les chaises et jusque dans les cendres, pendant que sûrement le vôtre est placé avec le plus grand soin dans le jour le plus favorable, et que toutes les précautions sont bien prises pour faire valoir tout ce qu'il a de bien, et pour faire illusion sur tout le reste. Ils me font tous les deux penser à Cendrillon et à sa sœur qui était toujours si bien mise, mais c'était Cendrillon qu'on aimait.

Vous vous égayez un peu sur notre guerre de Bretagne; on voit bien que vous n'y êtes pas. Savez-vous qu'il n'y manque que des ennemis? Car d'ailleurs nous avons un général, un maréchal des logis, un état-major, un équipage d'artillerie et de vivres, et nous nous appelons *l'armée de Bretagne*. Je vous prie dorénavant d'en parler avec le respect qui convient à une armée, ou bien je proposerai pour vous punir de mettre quelqu'un de mon régiment à discrétion chez vous.

Seriez-vous effectivement assez aimable pour m'envoyer une boîte de pastels *français*, et pour y joindre quelques petites toiles préparées avec une instruction sommaire de la manière de s'en servir? C'est une commission que je vous donne et point un présent que je vous demande. Je suis las de vos présents; je ne veux rien qui m'apprenne que vous êtes plus riche que moi.

Baisez de ma part vos beaux enfants plus tendrement encore que vous ne faites de la vôtre. Laissez-moi le soin de les gâter et chargez-vous de les élever. Vous ne croiriez pas que je regrette de ne pas voir danser Delphine?

Adieu, ma sœur; jamais ce que je sens au dedans, en traçant ce nom de *sœur*, ne pourra être rendu. Adieu; souvenez-vous du besoin que j'ai de votre amitié. Elle me charme sans me suffire; elle a pour moi le prix que la sécheresse et la soif donnent à une goutte d'eau.

Mille compliments et remerciements de ma part à M. l'évêque.

VI

Landerneau, ce 11 mars.

Laissez-moi vous dire, si je puis, tout le plaisir que m'a fait votre dernière lettre; vous y êtes peinte de main de maître. J'ai pensé à ce beau tableau de Rubens où on voit le plaisir et la douleur de la reine qui accouche, et j'ai vu votre raison et votre déraison dans tout leur jour. Vous êtes comme cette pauvre petite Médée (1) qui veut le bien et qui fait le mal; vous charmez, vous rajeunissez tout ce qui vous entoure, il ne vous manque qu'un Jason.

---

(1) Médée, épouse de Jason, rajeunit le père de son mari, mais fit égorger son oncle.

Pour moi, je suis tantôt le bonhomme à qui vous rendez ses premiers ans, tantôt le vieux bélier dont vous faites un agneau, tantôt ce pauvre frère que vous mettez en pièces, mais je ne suis jamais celui que je voudrais être.

Vous avez bien raison de dire que vos veilles vous tuent, ma pauvre sœur. Ajoutez à cela que vous n'êtes pas la seule, qu'il y a une destinée jointe à la vôtre dont vous ne pouvez pas disposer, car c'est celle de quelqu'un dont vous n'êtes point la *maîtresse*. Songez que chaque nuit que vous passez est un mois que vous retranchez de la vie de ce malheureux, et cela pour le plaisir de causer avec madame de Matignon.

Vous les regrettez donc un peu, ces amis, ces livres, ces crayons. Tâchez que vos regrets ne soient point stériles. Je ne parle point pour les amis, ils parleront eux-mêmes. Je parle pour les livres, je plaide aussi pour les crayons. Vous voyez que je suis un rival généreux; je voudrais être là pour les tailler et pour aiguiser les armes avec lesquelles vous croyez me battre. A propos, vous n'avez point achevé votre petit Dutilet, vous n'avez point encadré le mien. Je parie qu'on l'aura mis entre deux matelas en attendant le cadre. Occupez-vous des intérêts de votre triste frère, et tâchez que mon chef-d'œuvre ne s'en aille pas en poussière. Songez que mes enfants sont vos neveux, et que c'est bien malgré moi si vous n'êtes pas leur mère.

Je crains bien pour ce pauvre Voltaire. Vous ne me mandez pas qu'il s'est confessé; je le sais par M. de Beauvau. Je souhaite que son âme aille en paradis, mais je voudrais que son esprit restât sur terre; ce sont deux choses bien difficiles. S'il se porte bien, tâchez de le voir encore; il finira par vous aimer à la folie. Si ma vanité n'y était pas trop intéressée, je serais tenté de croire qu'on vous aime en proportion de l'esprit qu'on a.

Vous avez bien raison de m'appeler frère insensé, quoique ce soit vous moquer de votre ouvrage. Essayez de m'en dire un peu plus long en latin une autre fois, dussiez-vous faire plus de fautes. Reprenez ce pauvre Ovide et songez à le bien traduire, il en vaut la peine. Prenez garde, en traduisant, au scrupule de n'avoir pas tout rendu, qui fait qu'on ajoute des phrases françaises pour des mots latins qu'on croit avoir omis. La première règle du discours doit être l'économie des mots, la seconde en est le choix ; toutes deux se tiennent. Il y a une troisième règle, qui est la disposition ; c'est à quoi tient la clarté et l'harmonie. Mais je ne sais pas pourquoi je vous dis tout cela ; vous le savez peut-être moins que moi, mais vous l'observez souvent mieux. D'ailleurs, il y a dans les négligences que je vous reproche de temps en temps une grâce qui me charme toujours. C'est comme vos cheveux que j'aime autant en désordre que bouclés.

A propos de votre toilette, vous avez donc été bien ridicule? Je n'en crois rien ; il est sûr que l'art vous manque quelquefois, mais vous en êtes plus jolie. D'ailleurs, cinq minutes chez vous font l'effet de cinq heures chez les autres. Vous êtes avec toutes les coquettes de Paris comme M. de Fénelon dans ses disputes avec M. Bossuet ; en un jour il lui donnait de la besogne pour trois semaines.

Mon Dieu, que je vous aime, ma chère sœur! Accoutumez-vous-y, si vous pouvez ; pour moi, je ne m'en déshabituerai jamais. Mangez Delphine et Elzéar de ma part. Il n'y a que moi qui pourrai jamais leur apprendre à vous chérir et à vous respecter ; je trouve que ni l'un ni l'autre ne fait encore assez de cas de vous. Dites à madame et non pas à M. d'Andlau de vous embrasser de ma part.

VII

Ce 27 mai 1778.

Je ne veux plus vous remercier de vos charmantes lettres, chère et bonne sœur; j'aurais peur en vous disant le prix que j'y mets de vous en rendre avare. Ne songez qu'à ce qu'elles coûtent et non point à ce qu'elles valent.

La guerre paraît s'allumer de tous les côtés, et j'ai encore bien de la peine à y croire. Il me semble que personne n'est assez fort pour l'entreprendre, ni assez faible pour y être forcé. Si elle a lieu, je crois que je serai embarqué avec le duc de Chartres. Dieu veuille que ce soit pour une descente, car sans cela il y a peu de gloire pour nous sur des vaisseaux. Mais il me semble qu'on ne songe guère à une expédition de cette nature. On verrait beaucoup plus de mouvements de troupes, on rappellerait les soldats et officiers absents qui ne doivent rentrer que le 15 mai, on ferait des préparatifs de toute espèce que par malheur je ne vois pas faire, et je serai toujours sans espérance. Vous savez quel est pour moi l'objet de la guerre; la gloire n'est point la monnaie dont je me paye, c'est celle dont je veux payer le seul bien que je trouve digne d'envie (1).

Mais à propos, je ne pense pas que c'est à ma sœur

---

(1) Le chevalier voulait acquérir de la gloire pour se rendre digne d'épouser la comtesse de Sabran.

que j'écris, que tout ce qui est plus que fraternel doit être rayé de mes lettres, et qu'il faut m'en tenir à ce lien si doux, mais bien innocent, qui unit dans *Télémaque* les habitants des Champs Élysées. Encore, en préférant ma sœur à tout l'univers, ne faut-il pas attendre la moindre préférence. Donner tout, obtenir peu, voilà mon destin. Il est vrai que si les payements étaient égaux, le marché ne le serait pas; il faut beaucoup de mon plomb pour bien peu de votre or.

A propos d'or, ma sœur, je conserve comme la prunelle de mes yeux cette dragonne (1) que j'étais si fâché de vous voir acheter. Pour ne pas l'user mal à propos, j'ai établi dans mon régiment qu'on ne porterait de dragonne d'or qu'en très grande parade, mais j'ai voulu suppléer à cela par des dragonnes de fil blanc qu'on portera à l'ordinaire. Je vous prie de m'en faire faire trois ou quatre à votre fantaisie; elles serviront de modèle pour tous les officiers. Ceci n'est point une commission que je vous donne, c'est un présent que je vous demande.

Mandez-moi donc ce que c'est que ce combat de monsieur votre frère et de M. de Busançais. Il a choisi là un faible champion. Il me paraît qu'on se bat beaucoup en détail jusqu'à ce qu'on se batte en gros; on pelote en attendant partie.

Expliquez-moi deux grands phénomènes que j'ai vus hier. L'un était la plus belle aurore boréale possible, qui à huit heures du soir m'éclairait en chemin au point de lire une lettre écrite assez fin. L'autre phénomène est plus terrestre; c'est un pot de terre d'Angleterre dans lequel

(1) La dragonne est un cordon ou un galon ordinairement terminé par un gland dont on garnit la poignée du sabre.

la crème paraît d'une couleur de chair très vif. Cette terre est comme toute la terre de pipe du monde, d'un blanc jaunâtre et fort vernissée.

Adieu, chère sœur; vous seriez bien impatientée si tout le monde avait l'esprit de vous aimer autant que moi. Parlez-moi de votre santé et surtout pensez-y. Vous n'êtes que faible, vous n'êtes point malade; il ne vous faut que du régime et point de remède. La raison est la seule médecine qui vous convienne.

Mandez-moi quelque chose de vos lectures; je veux être au courant de tout ce qui vous occupe. Vous aimez la philosophie et elle vous le rend, car elle s'est communiquée à vous avant l'âge. Envoyez-moi vos remarques, vos jugements, vos doutes, vos observations; forcez-moi à vous envoyer les miennes. Je veux non seulement être occupé de vous, mais par vous.

VIII

Ce 3 avril 1778.

Quelque triste que je puisse être de n'avoir point de lettre, chère sœur, je le serai toujours moins si c'est à toute autre chose qu'à votre santé qu'il faut m'en prendre. Mais vous étiez malade depuis huit jours, vous gardiez votre lit, vous souffriez; je me représente tout cela et je m'inquiète. Pourquoi faut-il que vous languissiez tandis que tant d'autres se portent si bien, tandis que tel autre s'offrirait si gaiement à souffrir tous les maux dont il pourrait vous préserver?

J'ai été obligé de quitter ma lettre et j'y reviens, mais

dans l'intervalle j'ai reçu la vôtre, et suivant ma marche ordinaire, je passe de la tristesse à la joie et de la plainte aux actions de grâces. Vous vous portez mieux, vous toussez moins, mais vous toussez encore. Si vous saviez, quand vous toussez, comme cela me répond et où cela me répond! mais vous ne saurez jamais cela. Avez-vous vu des instruments montés de façon que certaine corde en fait toujours résonner une autre, sans que cette autre puisse faire résonner la première? Mettez sentir au lieu de résonner, et nous sommes ces deux cordes-là.

Ce n'est pas moi qui m'ennuie en Bretagne, ma sœur, c'est vous qui m'y ennuyez. Il est vrai aussi que c'est vous qui m'y désennuyez; mais comme je passe plus de temps à ne vous pas lire qu'à vous lire, le remède n'est point en proportion du mal. Vous me demandez mon esprit pour m'écrire; si vous l'aviez jamais, il vous éclairerait sur le vôtre et vous y reviendriez. Mais peut-être aussi seriez-vous après d'une fatuité insupportable, car si jamais vous alliez avoir de vous l'idée que j'en ai, vous ne la mériteriez plus.

Je vous suis bien obligé de vous remettre au système de Pythagore; je crois qu'il serait bon même à votre santé. Cependant j'aime bien la bonne soupe et je vous la conseille. Envoyez-moi vos traductions à mesure que vous écrivez, mais elles ne doivent pas entrer dans le corps de vos lettres, parce que ce serait autant de rabattu sur ma portion. Je m'intéresse d'avance à tous les petits agneaux qui ont une si méchante bergère pour avocate, et vous avez beau dire que les pleurs ne sont pas mon genre, vous savez très bien qu'il y a des cœurs plus durs que le mien.

Toutes mes nouvelles se bornent à celles que vous savez. Je ne crois pas plus à la guerre que vous. On dit que M. le duc de Chartres s'embarquera dans un mois. Il emmène des détachements de son régiment sur ses vaisseaux; je demande et je crois être sûr de le suivre. C'est là où il faudra que ma sœur redouble de bonté pour son malheureux frère. Jugez quel chagrin de voir arriver en pleine mer des lettres de tout le monde à tout le monde, et de ne pas en avoir de ce qu'on préfère à tout le monde.

Adieu, je ne vous ai pas encore assez remerciée de toute votre bonté. Quelquefois j'ose me dire que vous avez de l'amitié pour moi, et c'est de tous les biens le seul dont je sache jouir et que je craigne de perdre.

IX

Ce 6.

Vous avez reculé avec Martial pour mieux sauter, ma chère sœur, et votre traduction est charmante. Je suis honteux de la mienne, mais je m'attendais à vos triomphes sur moi, à la vérité pas si tôt.

La traduction d'*Hippolyte* (1) est à merveille. Vos vers sont blancs, mais sont sans tache, et le sens est aussi bien rendu qu'il est possible dans une langue aussi lâche que la nôtre. Comment voulez-vous que je les corrige? A peine aurais-je pu les faire. Le seul conseil que je puisse vous donner, c'est de ne pas vous imposer l'obligation de traduire toujours un vers par un vers. Ce sont des entraves inutiles et dangereuses pour l'*esprit*. J'aurais dû dire

(1) Il s'agit ici d'une pièce de Sénèque.

génie, mais j'ai craint d'effaroucher la modestie de ma charmante sœur.

On dit ici beaucoup de nouvelles dont il faut attendre la confirmation, entre autres qu'il va sortir dix-sept vaisseaux de la rade pour aller à la rencontre d'un même nombre d'anglais dont on a connaissance. J'ai une horrible fluxion qui m'empêche dans ce moment d'aller à Brest m'en assurer; j'attendrai la certitude pour faire partir ma lettre.

Vous avez bien raison de faire l'éloge des femmes, ma sœur, mais vous en faites penser encore plus de bien que vous n'en dites. J'en aimais davantage avant de vous connaitre, je les aime davantage depuis que je vous connais.

Ce pauvre M. de Trudaine (1) méritait d'être loué par un panégyriste moins sec que M. de Condorcet et moins moqueur que M. d'Alembert. C'est un des meilleurs hommes qu'on ait jamais vus dans la société et dans les affaires; il a eu le tort de trop désirer les grandes places, mais c'était plus pour le bien public que pour le sien, et je crois effectivement qu'on s'en serait mieux trouvé que lui.

A propos, ma sœur, envoyez-moi la façade de votre maison vue du jardin. Il me semblera me promener sur votre terrasse, et attendre que vous reveniez ou du bain ou du cours; d'ailleurs je suis curieux de voir si vous avez autant de talent pour l'architecture que pour les autres genres.

De toute la maison de Madame Élisabeth je ne crois qu'au comte de Coigny, parce que tout le reste serait trop

---

(1) M. de Trudaine, intendant général des finances, mourut en 1777.

bien choisi, surtout madame de Hautefort et M. d'Andlau.

Mais dites-moi pourquoi un pauvre petit mot, peut-être dit tout de travers, vous fait-il abandonner votre joli tableau. Songez, ma sœur, que tous les talents du monde ne sont rien sans la constance; ayez-en en tout, excepté dans certaines résolutions. Votre tableau, il faut le finir de votre mieux, et puis le recommencer d'après la première idée. Il est certain qu'il ne peut pas y en avoir de plus jolie. Je dois bien vous ennuyer, chère sœur, mais vous avez la ressource de ne pas me lire. Ne vous en servez pourtant pas; j'ai besoin de vous écrire, j'ai besoin d'être lu par vous, j'ai besoin de vous lire. Tous ces besoins sont les enfants du besoin de vous voir, et celui-là ne sera jamais assez satisfait. Adieu, ma sœur.

Les vaisseaux français ne sont point partis, et les anglais n'ont point paru à la mer. Je viens d'avoir une si horrible rage de dents pendant trois jours et trois nuits que je n'ai pas même pu fermer ma lettre. J'étais comme un fol, je souffre un peu moins aujourd'hui.

X

Ce 28.

J'ai trouvé dans Sénèque le Tragique beaucoup de belles choses; je vous en enverrai de temps en temps quelques passages. J'en ai trouvé aussi dans Claudien que je ne connaissais pas du tout. C'est vous qui êtes le premier mobile de toutes ces occupations-là, c'est pour vous que je vais à la chasse dans le pays latin. Si je pouvais vous rapporter comme cela tout ce que je fais et vous mettre de part dans toutes les actions de ma vie, elle n'aurait plus que le défaut d'être trop courte. Mais au contraire, qu'elle paraît longue lorsqu'on compte les jours et les moments sans voir de terme à son ennui !

Il n'y a rien de pis que le prélude de guerre que nous faisons. Mon régiment souffrirait moins en campagne. Il est fatigué, morcelé, ruiné, infecté de scorbut, de gale, etc. ; il ne nous manque plus que la peste que j'attends. La guerre en personne serait bien moins fâcheuse que tout cela ; elle offrirait au moins quelque dédommagement. Mais, je le crains bien, nous n'irons point en Angleterre, et l'Angleterre ne viendra point ici. Nous passerons des années dans l'attente de ce qui n'arrivera pas, et plutôt avec l'air de craindre la guerre que de la préparer. Au lieu d'avoir la fièvre, nous aurons le frisson, ce qui n'est point du tout héroïque.

Les tristes colonels de Bretagne se flattent de revenir au mois de juin, mais je n'en crois rien. Il y avait bien plus de raisons pour ne pas partir de Paris que pour y retourner. Mon imagination est toute tendue de noir ; je joins à tout cela depuis plusieurs jours un mal de tête et un mal de dents insupportables, en sorte que le moral et le physique sont d'accord pour me tourmenter. Quelquefois, pour me distraire, je me transporte à la maison fraternelle. Je vois d'ici des livres, des tableaux, des plumes, des couleurs, des arbres verts, un pavillon, de grandes promenades ; j'aperçois entre les arbres une espèce de petite nymphe qui se promène un livre à la main, et je cours à sa rencontre. Quel bonheur que ce soit ma sœur ! quel dommage que ce ne soit que ma sœur !

Adieu, chère sœur ; pardonnez-moi une tristesse où vous avez trop de part. Avant de vous connaître, j'avais souvent senti de l'ennui, mais jamais de regret. Pourquoi vous ai-je vue si tard? pourquoi faut-il vous voir si peu? pourquoi l'absence est-elle si longue et la vie si courte?

XI

Je vous ai ruinée en dragonnes, ma pauvre sœur, car pour être aussi jolies il est impossible qu'elles ne soient pas très chères, mais elles ne peuvent pas vous avoir coûté le prix que j'y attache. Si nous restons en paix, elles seront ma plus belle parure; si nous faisons la guerre, elles deviendront un talisman, et les armes ornées de vos dons ne seront jamais rendues.

Comment, charmante petite Magdeleine, vous sortiez du confessionnal et vous y aviez dit beaucoup de choses que vous ne me diriez pas, à moi qui vous dirais tant de choses que mon confesseur ne saura jamais! Mon Dieu, que je suis piqué de n'avoir été pour rien dans vos propos! Et que disait cet homme qui vous voyait à ses genoux? Que n'étais-je votre confesseur! Que n'ai-je été votre péché! Que ne suis-je votre pénitence!

Votre esquisse est charmante, mon aimable sœur ; le dessin en est très bon, excepté que vous y êtes trop grande et Delphine trop petite. La disposition est excellente, mais j'ai toujours regret à notre première idée, parce que toute cette jolie petite famille occupée du portrait de votre amie : vous, peignant; votre fille, tenant la palette; votre fils, broyant les couleurs, cela faisait un ensemble charnant. L'exécution n'était pas plus difficile que ce que vous avez entrepris (1).

Au reste, ceci est plein de mérite : votre fond est pris d'après plusieurs dessins de ma connaissance. Je ne fais pas grand cas du polichinelle qui occupe l'avant-scène ; cela se trouve dans quelques tableaux de Watteau et ne m'a jamais plu. Vos repoussoirs de droite et de gauche sont fort bien, et votre lumière est bien rassemblée dans le milieu. Croiriez-vous que je m'aveugle au point de trouver, même dans l'esquisse, une lueur de ressemblance ? Ne pouvant pas vous voir où vous êtes, je vous vois où vous n'êtes pas, et mes yeux ne cherchent qu'un prétexte pour vous trouver partout.

Si j'étais à Paris, je m'attellerais à votre char pour remplacer le défunt. Je le regrette bien sincèrement ; je n'ai jamais eu d'autres reproches à lui faire que d'avoir couru trop vite quand j'étais en carrosse avec vous. Je suis bien fâché d'être si loin, car j'ai un cheval qui le remplacerait parfaitement. J'ai pensé vous l'envoyer, mais il serait arrivé trop tard et trop fatigué. Il faut dorénavant n'avoir que de vieux chevaux, aller un train de vieille douairière et ne sortir que pour aller à la messe ou à confesse.

J'ai lu votre dissertation physique avec admiration ; je l'ai relue avec attention, et j'ai fini par trouver que votre explication était plus difficile à expliquer que mon phénomène, ce qui prouve que de tous les prodiges vous êtes le plus étonnant. Je vous trouve aussi foncée en politique qu'en physique, et je ne vous conçois pas davantage ; il

(1) Un tableau de madame de Sabran la représentait avec ses deux enfants auprès d'elle, peignant madame de Rochefort.

me paraît seulement que vous parlez plus en soldat qu'en ministre.

Adieu, ma sœur. Je suis enrhumé du cerveau et de la poitrine; je tousse comme un loup et je pleure comme un veau. Si vous en aviez eu autant, cela vous aurait fait bien de l'honneur au tribunal de la pénitence.

XII

Ce 28 mai 1778.

Vous ne direz jamais autant de mal de ce siècle-ci, chère sœur, que vous m'en faites penser de bien. Je ne peux pas être de votre avis sur la jalousie et la méchanceté générale. Je vois que c'est un défaut des hommes et non pas des temps; je vois que tous les siècles, au contraire de tous les hommes, ont toujours dit du mal d'eux-mêmes et se sont toujours donnés pour les pires de tous. Et point du tout, ils étaient tous égaux par les vertus et les vices. La différence était dans les lumières de l'esprit humain qui ont plus ou moins brillé. Encore de ce côté-là n'a-t-on point de tarif sûr; on sait ce qu'on a acquis, on ne sait pas ce qu'on a perdu. Tous les nouveaux systèmes de physique sont dans les anciens philosophes; j'ai trouvé tout Copernic dans Plutarque. Les médecins d'aujourd'hui suivent toujours Hippocrate quand ils veulent guérir, nos sculpteurs restent derrière Phidias et Praxitèle, et je ne connais que ma sœur et moi qui valions Apelle et Zeuxis.

Ne nous croyons donc pas meilleurs ni pires que les autres. Tout va et vient; tantôt il y a quelques génies, tantôt beaucoup de gens d'esprit, tantôt de grandes méchancetés, tantôt beaucoup de petites malices. Si j'avais à choisir, je prendrais un siècle médiocre comme le nôtre, où la guerre est plus douce que la paix n'était autrefois, où il n'y a ni irruptions de barbares, ni grandes batailles, ni combats singuliers, où la société offre peu d'exemples de grandes amitiés, mais beaucoup de liaisons fort douces.

Je m'arrête ici, ma sœur; je ne suis pas de mon siècle pour l'amitié, n'en soyez pas non plus. Non, j'aime à me le persuader, jamais je n'ai eu plus de raisons de croire à une partie de ce que je désire qu'en lisant votre dernière lettre. Vous avez l'air de compatir à ce que je souffre et de vouloir me consoler à chaque mot. Avec cette bonté-là vous me feriez trouver tous les maux doux à supporter. Et que n'adouciraient pas vos lettres, puisqu'elles adoucissent même votre absence?

Vous me faites aimer ma fluxion à force de vous y intéresser. Elle est passée avec deux saignées, et je regrettais en voyant couler mon sang que ce ne fût pas pour vous. Une autre fois je me servirai des secours de votre chimie, car je tiens un peu des anciens Gaulois qui trouvaient que les femmes avaient quelque chose de divin et qui les écoutaient comme des oracles. Les femmes? Il n'y en a qu'une.

Ma sœur, je voudrais bien indépendamment de vos vers voir vos traductions en prose, parce que c'est par là seulement que je pourrai juger de vos progrès dans l'étude de la langue latine. Je suis bien moins embarrassé pour vous des idées les plus sublimes que des mots les plus simples; vous avez le germe des unes, et je ne suis pas sûr que vous ayez l'intelligence des autres.

Eh bien! ne voilà-t-il pas que je n'ai pas encore écrit à ma cousine! Je n'ai de plume que pour ma sœur, comme je n'ai des yeux que pour elle; mais comme ma sœur me l'a ordonné, je vais écrire.

Adieu Éléonore, adieu Delphine, adieu Elzéar. J'embrasse quelqu'un des trois de tout mon cœur, mais je ne dis pas qui.

Vale, soror carior luce, nec te ultra modum amari improba. O quando te revisam, quando pedes tuos amplectar, quando manus tuas osculabor! Quando, etc... Ignosce, amata soror, insanit frater tuus, sed fratrem etiam insanum a bona sorore amari non dedecet (1).

XIII

Ce 1er juin 1778.

Que j'aime vos lettres quand elles ont six pages, chère et bonne sœur! Chaque ligne de plus y fait l'effet du pouce des glaces qui en double le prix. Mais vous mentez comme une coquette quand vous dites que vous écrivez trois lettres contre une des miennes. J'ai mieux compté que vous; vous avez assez d'autres avantages, laissez-moi celui du nombre, ou bien efforcez-vous de me l'ôter.

A votre place, j'aurais causé un instant avec mon

---

(1) Porte-toi bien, sœur qui m'est plus chère que la lumière. Ne désapprouve pas qu'on t'aime au delà de toute mesure. Oh! quand te reverrai-je? quand embrasserai-je tes pieds? quand baiserai-je tes mains? Quand..... Pardonne-moi, sœur aimée, ton frère perd la raison; mais une bonne sœur peut aimer un frère même en délire.

amant; j'aurais voulu savoir quelle tête j'avais tournée. Au fait, je ne vois pas qu'il vous déplaise. Il n'a pas l'air, dites-vous, d'un polisson, il est assez bien mis; il vous a dit les plus belles choses du monde. D'abord vous avez craint et puis vous avez ri. Cet homme-là n'est pas si malheureux. J'attends la fin du roman avec quelque inquiétude, et je ne désespère pas de trouver son portrait dans votre petite maison, car il faut que le monsieur aille à celle-là ou aux autres.

Autre coquetterie de ma sœur : elle ose porter une main profane à l'ouvrage d'un grand homme pour adoucir des traits ressemblants qu'elle trouve moins charmants que les siens. Mais, mon bon Dieu, pourquoi ce maudit chapeau? Vous croyez-vous si déparée par vos cheveux et votre front? Je me ressouviens que c'est ce qu'il y avait de mieux dans mon ébauche. J'espère que madame d'Andlau me regrettera bien, et que cela ressemblera aux tableaux de Raphaël, à qui les dévotes font mettre des chemises par des peintres de village.

Dites de ma part à Voltaire de vivre de sa gloire; il en a une provision pour plusieurs siècles. Qu'il laisse là le travail et le café; jamais les veilles des autres ne vaudront son repos. En vérité, si vous en avez l'occasion, parlez-lui de moi; dites-lui que votre frère le chérit comme un fils, que je lui écrirais si je ne trouvais pas cela de trop bon air; qu'il me semble d'ailleurs que ce serait faire comme les gueux qui font de petits présents aux riches pour en avoir de gros, ou comme les filles qui donnent des cordons de cheveux pour avoir des colliers de diamants. Dans mon silence je l'aime mieux que les gens qui l'ennuient le plus. Je pourrais et je devrais presque en dire autant à ma vieille douairière de sœur, mais la tendresse fraternelle l'emporte sur le respect et sur la modestie.

Envoyez-moi donc le système de Pythagore; il n'est point du tout en vigueur dans la rue où je demeure. C'est celle des bouchers. Je ne sors et je ne rentre jamais qu'entre deux haies de veaux palpitants; je ne marche que sur des entrailles sanglantes,

Que des chiens dévorants se disputaient entre eux.

Une odeur de carnage parfume toutes les approches de ma demeure. Si votre traduction est fidèle, si elle est touchante comme l'original qui a fait pleurer ma bonne sœur, j'assemblerai tous les bouchers de mon quartier, je leur ferai une lecture pathétique et je les verrai fondre en larmes et renoncer à leur infâme métier.

Envoyez-moi toujours des vers, ma chère sœur en Apollon; les derniers étaient charmants. Vous commencez à très bien sentir la mesure et l'harmonie et à suivre toutes les règles sans en être gênée. Je vois que plus le genre est élevé, plus il est à votre portée, et que les grandes idées vous inspirent. Si je ne craignais pas de tomber dans la répétition et dans votre disgrâce, je vous dirais tout ce que je pense de vous. Mais vous aimez mieux les critiques et les moqueries. Sachez au moins que si je vous aime aussi follement, ce n'est pas sans de bonnes raisons.

La marquise de Cossé a fort bien fait. Ce n'est pas la peine de vivre quand on peut mourir aussi bien que cela. Il faut que chacun fasse son métier et suive son talent. Cela me fait penser à un mot d'Alcibiade sur les Lacédémoniens qui est applicable aux chrétiens. On vantait leur courage plus que celui des Athéniens qui menaient une vie plus douce. « Je le crois bien, dit-il, la nature leur donne la mort pour tout bien. » Il en est à peu près de même pour la religion. Mais vous, ma sœur, vivez; vous n'avez aucun talent pour mourir, et si je disposais des choses humaines, votre tour ne viendrait jamais.

Vous irez à Anizy. Comme je vais regretter ma chère garnison de Laon! Vous avez bien raison de dire que vous serez heureuse dans la retraite. Il ne vous faut que vous; je suis comme vous, il ne me faut que vous non plus. Je ne peux pas penser de sang-froid à cette campagne où vous voudriez vivre. Rappelez-vous Vertumne (1). Je n'aurais ni son adresse, ni son éloquence, ni ses petites manières libres; mais il n'y a point de forme sous laquelle je ne voulusse paraître à vos yeux afin de vous voir toujours. Adieu, je me sens un peu trop ému, et vous êtes bien heureuse que je sois au bout de mon papier, car vous auriez à me gronder. *Vale, dulcissima soror* (2).

XIV

Ce 14 juin 1778.

Si j'admire vos derniers vers, si je les loue, si je les envie, ce n'est point pour vous rendre des compliments que je ne méritais pas, ma charmante sœur, c'est pour payer le tribut que je dois à la vérité. Je vous assure qu'avec beaucoup plus de travail je m'en serais peut-être moins bien tiré. Vous n'êtes point capable de me tromper

---

(1) Vertumne était le dieu des vergers et des jardins.

(2) Porte-toi bien, très douce sœur.

et de les avoir fait faire; en tout cas, faites-en compliment à l'auteur. Non, ils sont de vous, parce que rien n'est au-dessus de vos forces; mais si vous voulez comparer cela avec vos premiers essais, vous verrez combien vous étiez petite fille il y a six ou sept mois, et vous vous étonnerez comme moi de la rapidité de vos progrès.

N'en restez point là, ma sœur; vous êtes un aiglon de six mois, apprenez d'un vieux corbeau à vous servir de vos ailes. Votre guide vous laissera bientôt au milieu des airs, mais il s'applaudira à mesure que vous vous élèverez. Il dira : « Vous le voyez planant au haut des cieux; je l'y ai conduit, mais les forces me manquent pour le suivre, c'est assez pour moi de ne pas le perdre de vue. »

Vos quatre premiers vers sont de toute beauté; je les apprends par cœur pour les citer et me les citer à moi-même dans l'occasion. Le cinquième vers est un peu dur et n'est pas bien juste relativement au sixième. *Notre triste vie, tre tri.* Pourquoi triste, si les dieux y versent également les biens et les maux? Elle serait triste s'il y avait plus de mal que de bien. J'aurais mis :

Sur les jours variés de cette courte vie
Le ciel sème au hasard et les biens et les maux.

En vérité, ma divine sœur, plus je lis vos vers, plus je me trouve hardi d'en relever les fautes. N'allez pas en faire autant avec les miens, vous auriez trop à dire. D'ailleurs, vous êtes plus propre à faire qu'à corriger. Ce n'est pas pour vous que la critique est aisée et l'art difficile. Votre caractère doit trouver la critique difficile, et votre esprit l'art aisé.

Nous osons faire des vers, et Voltaire est mort (1)! Je le

(1) Voltaire était mort le 30 mai.

regrette bien sincèrement, car je l'aimais plus que je ne disais. J'étais arrêté là-dessus par la crainte de paraître prétendre à l'esprit. D'ailleurs, ses derniers amis, entre autres M. de Villette (1), m'avaient dégoûté de ce titre-là. Mais le sentiment filial qu'il m'avait inspiré à Ferney n'était point éteint, et il semble qu'il se soit rallumé à la nouvelle de sa mort et de ce qui l'a suivie.

Ce n'est pas la peine de recourir à la philosophie pour juger les persécuteurs de son cadavre, la théologie seule les condamne. Il avait été baptisé dans notre religion, il en avait fait plusieurs actes, il l'avait un peu ridiculisée, mais jamais désavouée publiquement, et on lui refuse la sépulture que les lois n'interdisent qu'aux criminels; quelle règle a-t-on pour le juger damné? Un instant trop court pour s'exprimer suffit pour se repentir, et un instant de repentir efface un siècle de crimes; au milieu du dérangement des organes et de l'abattement de tous les sens, Dieu peut lire le mouvement de contrition dans le cœur du mourant, il peut voir ce que les hommes ne peuvent pas entendre, on ne doit donc jamais présumer de la damnation de personne. Ce n'est pas la religion qui a fermé les portes des églises aux restes de ce grand homme. Je ne veux pas en dire davantage, car je finirais, moi chétif, par me faire aussi refuser la sépulture.

Vous arrivez de la cour, vous y avez passé huit jours, et vous ne vous êtes pas ennuyée. Vous vous gâtez, ma sœur, et la cour, après tous les torts qu'elle m'a faits, va encore m'enlever ma sœur. Vous avez joué, vous avez perdu, j'en suis sûr, puisque vous ne me mandez pas que

(1) Le marquis de Villette, pour qui Voltaire avait une tendresse toute paternelle, était généralement méprisé pour ses mœurs c'est chez lui que mourut le poète.

vous avez gagné. Laissez-moi vous gronder, ma sœur, vous n'êtes point faite pour ce pays ni pour ces mœurs-là; vous n'avez ni assez de santé, ni assez de fortune, ni assez de patience, et vous avez trop de noblesse, trop de bonté et trop d'esprit. Je sais bien que l'intérêt ne vous y mène point, je sais que la faveur vous y attend et que la reconnaissance vous y engage; mais, ma sœur, ce n'est point là que vous serez heureuse, c'est au milieu de vos enfants, de vos amis, de vos livres, de vos couleurs, de vos jardins. La cour vous arrachera insensiblement à tout cela, et vous vous y ennuierez au milieu des plaisirs sans savoir pourquoi.

Ne croyez pas que l'intérêt personnel me fasse parler. J'espère que je ne perdrais pas cette amitié sans laquelle je ne vivrais point, mais je vous verrais au niveau de tout ce qui ne vous vaut pas. Vous-même, pour ne pas vous perdre à la cour, il vous faudrait laisser une partie de votre mérite de côté, comme pour ne pas se noyer il faut laisser son argent au bord de l'eau. Encore une fois, ma sœur, soyez ce que vous êtes et ne me croyez pas prévenu dans mes conseils. Je n'ai pas d'humeur, c'est ma raison et mon amitié toutes seules qui vous parlent. J'ai beau avoir été maltraité dans ce pays-là, il suffit que vous soyez bien pour que je lui sache gré de tout, mais c'est un air qui ne vaut rien pour votre poitrine et pour votre esprit.

Adieu, ma sœur, je sens un plaisir à vous écrire que je ne sais pas rendre; cela vient peut-être de ce que j'espère vous lire en vous écrivant.

XV

Ce 24 juin 1778.

Je n'ai rien de plus pressé que de vous dire combien vous êtes aimable, chère sœur, et de vous remercier d'avoir pensé à moi sans y être forcée par l'importunité de mes lettres. Depuis la dernière, que vous auriez dû recevoir avant le 19, j'ai toujours été en l'air, tantôt à cause de M. le duc de Chartres que j'ai suivi dans différentes courses, tantôt à cause de M. de la Clochetterie dont le nom ne vous est sûrement pas inconnu à cette heure.

Après son glorieux combat, sa frégate, très maltraitée du canon et diminuée de la moitié de son équipage, avait été conduite la nuit par des scélérats, qui se donnaient pour connaître les côtes, dans un endroit plein de roches où elle avait touché et dont elle ne pouvait sortir sans les plus grands risques. A portée d'elle étaient mouillés des bâtiments anglais, qui paraissaient avoir intention de l'attaquer, et de faire passer des chaloupes entre elle et la terre pour la brûler. J'ai marché à la côte avec un de mes bataillons et cent hommes d'un autre régiment, j'ai rassemblé des chaloupes de six lieues au loin pour porter secours à la frégate et combattre les chaloupes ennemies au besoin, j'ai fait allumer grand nombre de feux sur toute la côte pour faire supposer un gros corps de troupes à portée. Soit que toutes ces précautions aient été utiles ou inutiles, il n'a rien paru, et votre pauvre frère Jean s'en alla comme il était venu, bien peiné de ne pouvoir pas faire un peu de bruit dans le monde.

Parlons de M. de la Clochetterie. Je l'ai vu deux ou trois fois sur son bord, blessé, tranquille, occupé de sa besogne et de son équipage, entouré de gens qui ne pensaient ni à leurs blessures, ni à leurs fatigues, ni à leurs exploits en le voyant. Son équipage, quoique diminué de moitié et accablé de travail depuis deux jours, ne songeait qu'à mettre le bâtiment en état de recommencer le combat, et ne voulait point prendre de nourriture ni de sommeil pour ne pas perdre un instant de travail. Les blessés que j'ai vus à un hôpital dont mon régiment a la garde ne se plaignaient point, et tous ne parlaient que de la manière dont ils s'étaient battus. Cependant il manquait à l'un une jambe, à l'autre un bras, à un troisième deux; il y en avait un avec les deux cuisses emportées. J'ai vu panser tout cela, entre autres dix des plus maltraités qui étaient dans la même chambre; c'est un horrible spectacle; mais ce qui console, c'est de voir qu'il y a au dedans des braves gens un baume intérieur qui adoucit tous leurs maux, c'est l'idée de la gloire et le contentement de soi-même.

Vous devez être contente de moi, ma sœur, je ne vous ai pas encore dit un mot de vous. Ne croyez pourtant point que j'observe la loi du silence jusqu'au bout de ma lettre; je vous aime trop aujourd'hui pour cela. Je suis si content, si glorieux d'une marque évidente de votre amitié que je ne sais pas trop ce que la mienne devient; c'est un feu sur lequel il ne faudrait pas souffler bien fort pour lui faire brûler toute la maison.

Mandez-moi un peu pourquoi ma cousine d'Andlau ne me répond pas. Est-ce que la liberté avec laquelle je lui ai écrit lui a déplu? Je m'y croyais autorisé par son amitié et par ce que vous me mandiez de la manière dont elle se plaignait de mon silence. Ou bien me sera-t-il arrivé ce qui m'arrive toujours, c'est que mes lettres n'arrivent pas?

Je pense encore à votre traduction de Sénèque et j'en suis enchanté. Que ne vous ai-je suivie depuis votre berceau jusqu'à cette heure, chère sœur! Nous y aurions gagné tous deux; vous auriez plus tôt connu et cultivé tous vos talents, et moi, au lieu de tant de folies, je me serais contenté d'une, la plus raisonnable de toutes et celle dont je ne guérirai point. Ma sœur entend du reste que c'est de la poésie que je parle.

J'ai connu Anisy (1) avant de vous connaître, charmante sœur; j'étais loin de me douter alors que c'était de tous les lieux de l'univers celui que j'aimerais le mieux habiter le 1er juillet 1778. Profitez de la campagne pour votre santé et de la solitude pour votre esprit. Ce n'est pas qu'il n'y ait bien plus à faire à l'une qu'à l'autre.

Ne croyez pas non plus à une solitude si profonde; il vous viendra de Laon et des environs des femmes fort aimables. Je vous recommande mesdames d'Abancour et de Lormois. Il y a aussi à deux lieues de vous une madame de Mirmont qui a beaucoup d'esprit, mais qui n'est naturelle qu'à la longue. Les deux premières sont moins brillantes, mais ce sont les plus honnêtes personnes du monde.

Adieu donc, ma sœur; voilà six mortelles pages que je rends pour trois petites que j'ai reçues. J'ai peur que dorénavant, au lieu de me reprocher mon silence, vous ne le regrettiez.

---

(1) Anisy était la propriété de l'évêque de Laon.

XVI

Ce 7 juillet 1778.

Je n'ai qu'un moment, ma sœur, et c'est à ma sœur que je le donne. Je vais à Brest voir partir une armée navale de trente-deux vaisseaux de guerre et de huit ou dix frégates (1). C'est un spectacle qui n'a été vu qu'en 1704 et qui a si mal fini, qu'on ne comptait pas le revoir du siècle. J'espère que cette flotte-ci part sous de meilleurs auspices et qu'elle va nous frayer le chemin de l'Angleterre. Jamais tant d'ardeur, de patriotisme et d'instruction n'ont été réunis. J'ai fait ce que j'ai pu pour suivre mon colonel sur l'Océan, mais son cousin s'y est opposé. Je suis bien fol d'aimer la gloire, elle ne veut pas de moi. Le plaisir va bientôt être du même avis, il faudra me mettre à la raison pour toute nourriture.

Adieu, ma sœur; ceci n'est point une lettre, c'est un mot que je vous écris pour vous mander que je ne peux pas vous écrire. Je vais avoir du temps à moi, et je vous parlerai en frère sur vos vers et sur votre prose; tout cela est digne de vous.

Mais adieu de nouveau. Vous serez cause que je vais crever mon cheval; encore si c'était pour aller à vous!

(1) Il s'agit de la flotte commandée par M. d'Orvilliers, et qui livra bataille aux Anglais à Ouessant. Le chevalier de Boufflers avait demandé à accompagner le duc de Chartres qui s'était embarqué.

XVII

Ce 13 juillet 1778.

J'attendais des volumes d'Anisy, et il ne m'en est pas encore venu un mot. Après avoir passé ma vie à louer la campagne, je vais la maudire. J'espère que ce triste silence ne durera pas; vous n'avez point d'affaire, et vous savez le besoin qu'on a ici de votre souvenir. Songez que le lieu où vous êtes le plus nécessaire est la Bretagne : quand on est aussi aimée que ma sœur, on contracte une grande dette et on est bien heureuse de pouvoir la payer en papier.

Je viens de voir mesdames de Boisgelin (1) et de Gange qui sont restées ici pour voir partir l'armée navale. Il n'y a que vous qui ne soyez pas curieuse d'un aussi grand spectacle. Madame de Gange m'a parlé de vous. Il me semblait que j'étais condamné à ne jamais entendre votre nom; il m'a fait un plaisir que je ne veux pas vous dire. Je n'ai pas eu un moment de repos depuis longtemps; il a fallu ne pas quitter ces dames et donner le bras à mon beau-frère boiteux, de vaisseau en vaisseau et de château en château. J'ai dû pendant ce temps-là laisser dormir tous mes autres devoirs et toutes mes autres occupations. Cela m'a fait penser que dans la vie on fait toujours plus que l'on n'a à faire et jamais tout ce qu'on a à faire; le plus rare est de faire ce qu'on voudrait faire, et

(1) Madame de Boisgelin, sœur du chevalier, monta sur l'échafaud pendant la Révolution.

je laisse deviner à ma sœur à quoi je pense en disant cela.

Je relis votre dernière lettre; elle est bien ancienne, mais elle me charme toujours. J'aime tout ce que vous dites de vous, car quoique cela vous défigure un peu, cela ne laisse pas de vous peindre. Vos remarques sur les vers substitués ne sont pas vides de sens, mais quand on traduit il faut traduire. Un traducteur ne doit pas plus mettre du sien qu'un laquais qui fait une commission. Si on vous laissait aller, vous n'en feriez qu'à votre tête, et vous finiriez par être la rivale de votre auteur au lieu d'en être l'interprète.

Je vous aime bien, ma sœur, quoique vous n'ayez pas bien saisi le sens du passage de Lucain, quoique vous ayez allongé, je ne dis pas son idée, mais la vôtre; quoique vous ayez fait une faute de quantité en faisant *invariable* de trois syllabes, quoique vous mêliez toujours les vers de cinq pieds avec ceux de six et de quatre, liberté que La Fontaine presque seul se permet dans le genre le plus familier. Vous voyez combien je vous trouve de défauts, et malgré vos défauts, etc.

Lucain, qui professait le stoïcisme, ne fait pas comme vous aux dieux de grandes prières pleines de sentiment et d'esprit, il se contente d'un simple reproche. Convenez après tout cela que je suis bien insolent, et proposez-moi de faire mieux si je puis, vous m'embarrasserez fort.

Je vais vous quitter pour aller à Brest, savoir des nouvelles de la mer. Il en vient tant de mensonges qu'on ne sait jamais que croire. Tantôt on dit que nous ramenons des prises, tantôt que nous sommes pris. Ce qu'il y a de sûr, c'est que d'ici à peu de jours on aura la paix ou la guerre. Les deux escadres sont en présence depuis longtemps, et des deux côtés on a bien envie de décider la question. Je souhaite toute sorte de gloire aux marins, mais je voudrais qu'elle ne fût pas pour eux seuls.

Adieu, ma sœur; j'espère que la semaine ne se passera pas sans une de vos lettres. Songez qu'il y a très longtemps que j'attends; si vous saviez avec quelle impatience, vous lutteriez davantage contre cette force d'inertie dont vous parlez si bien, et que je sens si bien quand il est question de toute autre chose que de vous.

Vale, nimis amata soror, et fratrem paulisper redama (1).

XVIII

Ce 15 juillet.

Que vous ai-je fait, ma sœur, pour m'abandonner aussi cruellement? Voilà plus de quinze jours passés sans un mot de votre main, et vous savez que c'est elle seule qui me nourrit dans cette vallée de larmes. Vous avez beau me dire que je ne vous ennuie pas, je commence à le craindre. Jamais votre silence n'a été aussi long, et plus il a duré, plus je crains qu'il ne dure. Il n'y a d'autre raison pour qu'il finisse que votre bonté pour moi, et sans doute elle va toujours en s'affaiblissant. Tâchez de me détromper, chère sœur, tâchez que ce ne soit point un malheur pour moi d'être le plus tendre des frères.

On vient de nous envoyer des recrues affreuses, de petits misérables qu'on gardait à l'ile de Ré pour les faire passer en Amérique. Parmi les cent petits galeux qui me

---

(1) Porte-toi bien, sœur trop aimée, et rends à ton frère un peu d'amour.

sont tombés en partage, j'ai trouvé le fils d'un excellent sculpteur, nommé Adam. Il sait assez bien dessiner, et je compte l'employer pour l'éducation de mes aspirants. Je lui ferai ainsi gagner sa vie, et peut-être dans quelque temps le rendrai-je à sa famille. Je me sens de la fraternité pour tout ce qui dessine.

Je viens d'essayer vos toiles et vos pastels. Soit que ma science soit endormie, soit que le frottement causé par le voyage ait tout gâté, je n'ai rien pu faire. Les toiles m'ont paru grasses en beaucoup d'endroits, et les couleurs ternes et terreuses. J'espère cet automne faire de nouveaux essais sous vos yeux; peut-être que mes talents ont besoin comme moi de votre présence pour renaître. Je voudrais qu'il fût écrit quelque part que je n'aurai de succès qu'auprès de vous; je me consolerais de tous les malheurs qui m'attendent.

A propos de malheurs, j'ai pensé à Lucain; il est presque intraduisible. Ce que j'ai fait n'est ni grand, ni clair, ni court, ni bon, et ma pauvre sœur que j'ai tant critiquée s'en est au moins aussi bien tirée que son pédant de frère. Au reste, voilà la première fois que je mets de la métaphysique en vers. Je vous soumettrai également la partie poétique et la philosophique. Ma poésie est votre protégée, et ma philosophie est votre captive; toutes deux réclament vos bontés.

Écrivez-moi donc, ma sœur; vous vous reprocheriez la peine que vous me faites. Songez que le quart d'heure le mieux employé est celui où vous faites le bonheur d'un exilé qui ne regrette que vous. Vous avez bien voulu une fois vous apercevoir de mon silence, jugez si je sens le vôtre. Ce qui est épingle pour vous en amitié est épée pour moi, et la vôtre est celle que je crains le plus.

XIX

Il est charmant, ma sœur, votre petit vieillard, et il annonce que vous serez une charmante petite vieille (1); il ne vous manque que sa barbe, son bâton et sa maison pour lui ressembler comme deux gouttes d'eau. Vous avez très bien saisi l'esprit de votre auteur, mais vous n'avez pas rendu sa précision, et vous avez trop sur lui l'avantage du nombre, ce qui n'est pas de bonne guerre. Au reste, votre sauce, quoique un peu longue, est de très bon goût. Je reviens toujours à mes anciens radotages contre l'extrême diversité des mesures; vous peignez une vie bien égale en vers bien inégaux. Vous vous servez aussi de quelques termes impropres; celui d'innocence est fait pour les filles de quinze ans, et non pour les gens de quatre-vingt-dix. Mais il est naturel que ma jeune sœur se serve de ce qui est le plus sous sa main.

Je n'ai plus la force de vous écrire, ma sœur trop aimée; il me semble qu'il serait plus que temps de vous voir, et Dieu sait pourtant quand le moment viendra. Les colonels de Bretagne ne savent encore rien de leur sort; ils seront arrivés bien tôt, ils partiront bien tard, et ils n'auront rien fait. C'est une belle chose, au dire des Italiens, que de ne rien faire, mais ce n'est pas quand on est à son régiment. Au reste, cette philosophie passive qui est si séduisante au

(1) Il s'agit encore d'un morceau latin traduit en vers français par la comtesse.

premier coup d'œil n'est point la vraie, ou du moins n'est point toute la philosophie. Le véritable philosophe ne doit pas abandonner la chose publique, sans quoi il serait l'ennemi du monde. La sagesse n'est pas seulement l'usage du raisonnement, mais encore l'usage des passions; éteindre ses passions, ce serait couper les jarrets à ses chevaux, au lieu de les bien atteler et de les bien conduire. Si la philosophie avait ce don-là, au lieu d'isoler l'homme au milieu du monde, elle l'attacherait à tout d'une manière utile, et à la place de Diogène (1) elle ferait des Marc-Aurèle.

Mais, bon Dieu! dites-moi pourquoi je fais de la philosophie avec ma sœur, qui est plus philosophe que personne, et qui empêche les autres de l'être. C'est sans doute qu'il est plus aisé de raisonner avec elle que d'être raisonnable. Je ne sais plus que faire avec vous; bientôt vos vers vaudront mieux que les miens. Vous êtes déjà aussi bonne latiniste que moi, vous croyez être meilleur peintre, vous ne savez pas que vous avez cent fois plus d'esprit. Je ne connais qu'un genre où je sois sûr de mon avantage sur vous, et vous avez la malice de l'interdire. C'est pour cela que je veux me jeter dans la philosophie, comme les gens sans ressource se jettent à la Trappe.

Concevez-vous que depuis plus de quinze jours nous n'ayons pas de nouvelles de l'escadre? A la première sortie on en avait tous les jours. Cette fois-ci on a envoyé frégates sur frégates, sans compter beaucoup de petits bâtiments; aucun n'a trouvé l'armée. En attendant, je vois journellement transporter des malades de Brest, qui

(1) Diogène vivait dans un tonneau, sans s'occuper des autres hommes, qu'il méprisait.

viennent séjourner à Landerneau pour se rendre à l'hôpital qu'on vient d'établir à Morlaix. Tout cela donne des idées, et des idées tristes. Il paraît qu'on s'attend à une grande affaire : c'est jouer bien gros jeu, et un jeu où l'on se perd en perdant et où l'on perd encore en gagnant. J'aime beaucoup ce qu'une femme de mes amies me disait à Brest, à la première sortie : Nous autres femmes de marins, après le malheur, ce que nous craignons le plus, c'est le bonheur. Je trouve que ce mot-là est tendre et profond.

J'emporte ma lettre à Brest pour vous mander de là les nouvelles que j'apprendrai. Elles m'importent beaucoup, parce que d'elles dépend notre sort pour cet hiver. Si on cherche toujours à se battre sans le faire, nous attendrons la décision; si on est assez battu pour que les Anglais puissent tenter quelque entreprise, nous resterons; si on est assez battant pour que nos troupes de terre puissent entreprendre quelque chose, nous resterons encore et nous ne partirons, je crois, que dans le cas où une fatigue égale des deux côtés et une égale disposition à la conciliation feront tomber pendant l'automne et l'hiver les armes des mains.

Ce 13. — Je suis à Brest. Il est arrivé aujourd'hui des nouvelles de l'armée, mais seulement au commandant de la marine, et l'officier qui les apporte est impénétrable. Il jure ses grands dieux qu'il n'a pas vu les Anglais, et il paraît qu'au lieu d'être sur les côtes d'Angleterre on est sur celles d'Espagne. Plusieurs vaisseaux et frégates partis d'ici, après l'escadre, n'ont pas pu la joindre. Le *Réfléchi*, entre autres, aurait été pris si les Anglais avaient risqué le combat. Il est mauvais voilier, il porte soixante-quatre canons, et il avait affaire à un bon voilier de quatre-vingts qui le tenait à petite portée. Il est rentré et va retourner avec d'autres, conduits par l'officier envoyé qui repart.

XX

Landerneau, ce 30 août.

Depuis mes derniers malheurs et vos dernières consolations je deviens plus difficile à inquiéter, ma sœur, et je ne vois plus dans votre silence que la privation de vos lettres au lieu d'y voir celle de votre amitié. Mais enfin, pourquoi ce silence dont vous connaissez tous les mauvais effets sur ma pauvre tête? Pourquoi être si avare de ce qui vous coûte si peu? N'est-ce donc rien que de porter le calme et le contentement dans l'âme d'un pauvre exilé au bout de l'univers? Quand ce serait une peine, quand ce serait un sacrifice, peut-être le devriez-vous encore ; mais vous devez avoir au moins autant de plaisir à écrire qu'à peindre, et chaque lettre est plutôt un profit qu'une dépense. Votre esprit est un champ de la terre la plus choisie, qui se féconde en produisant. Écrivez-moi donc, ma sœur, écrivez-moi souvent, écrivez-moi beaucoup et ne cessez que quand j'irai moi-même arrêter votre plume.

Mandez-moi quand vous allez à Voré. Si je deviens maître de mes actions à la fin de septembre, que je ne sois point obligé à rester ici ou appelé par M. le maréchal de Broglie en basse Normandie, c'est vers vous que mes pas se tourneront. Vous ne verrez sans doute qu'une partie de mon plaisir de vous voir, mais vous en verrez assez pour vous convaincre que vous avez trouvé le meilleur des frères, et si l'exemple gagne, vous deviendrez bientôt beaucoup meilleure sœur que je ne vous ai jamais vue.

Quoique je n'aie pas lieu d'être fort content de votre séjour d'Anisy, je suis cependant fâché de votre retour à Paris. Il me semble que ce lieu doit être malsain à cause de l'horrible sécheresse de cet été. Dépêchez-vous d'aller respirer un air plus pur, moins dangereux pour les pauvres petites poitrines. Je ne pense point au rapprochement de trente lieues, toutes les fois qu'il s'agit de votre santé; je ne songe plus à moi, ou du moins je ne crois plus y songer.

Notre latin est donc abandonné depuis que j'ai battu le temple de Mars en brèche. Nous reprendrons nos études à Voré, si mon impérieuse cousine le permet. J'ai trouvé de bien belles choses dans le poème de Stace; il y a entre autres une Antigone dont le caractère et les discours sont charmants. Elle n'a point quitté son père OEdipe depuis qu'il est aveugle et livré aux Furies, elle a essuyé avec patience toutes sortes de rebuts, elle l'a toujours soutenu, consolé, adouci, elle a parlé pour lui toutes les fois que par sa fierté et sa fureur il était prêt à se perdre, elle est haïe d'Étéocle qui règne à Thèbes et n'aime que Polynice à qui du haut des murs, au moment du combat, elle dit des choses si touchantes que les armes sont prêtes à lui tomber des mains. Après le combat, elle s'échappe la nuit pour aller, malgré les ordres de Créon, donner la sépulture à Polynice. Elle rencontre auprès de lui Argie, sa femme, et leur entrevue fait fondre en larmes. Vous la traduirez en beaux vers, charmante sœur.

A propos, et ce morceau sur la vieillesse? Vous attendrez la mienne pour me le faire voir. Je vous vois d'ici travaillant à limer et à égaliser vos vers, comme un dentiste travaille à des dents inégales.

Encore une fois écrivez-moi, ma sœur. Vous ne savez pas le besoin que j'en ai. Je suis corrigé de mes inquiétudes, mais il me reste toujours de la tristesse quand vous m'oubliez. Autrefois, je me plaignais comme si j'avais perdu tout mon bien; à présent, ce sera comme si je ne touchais pas mes rentes, et je serai un créancier bien incommode.

XXI

Ce 28 septembre 1778.

Je pars dans trois jours pour vous aller chercher, sœur plus aimable qu'Antigone. J'attendais toujours de vos nouvelles, et la crainte d'aller où vous ne seriez pas m'a fait rester où j'étais. Il m'est d'ailleurs survenu une foule d'affaires, surtout le départ imprévu et précipité de mon régiment, qui est éparpillé sur terre et sur mer, et qu'il faut mettre sous trois jours en marche pour Douai. Je me console des embarras du départ, de la fatigue de la route et des inconvénients de la garnison, en pensant que je n'y serai qu'à vingt-cinq lieues de Laon!

J'avais toujours pensé à aller à Voré (1), car j'y suis attiré par mon amitié pour ma cousine et appelé par la sienne. Mais tous les lieux sont bien différents, suivant votre présence ou votre absence. Vous faites à tout l'effet des feuilles aux arbres et des fleurs aux prés. Aussi ne

---

(1) Voré était la propriété de madame d'Andlau.

voudrais-je, si j'en étais le maître, aller ni à Paris ni en paradis sans vous. Le plus joli, ma sœur, serait d'aller en enfer avec vous; je suis sûr que l'ennui du séjour ne serait rien en comparaison du charme du voyage. Que ferez-vous après le mois d'octobre? Reviendrez-vous de bonne heure à Paris? Tâchez que je ne vous y attende pas longtemps. Je suis plus fait pour marcher derrière vous que devant. C'est à vous à me guider, à moi à vous suivre; vous êtes ma lumière, et moi votre ombre.

Si vous parlez de moi à ma cousine, dites-lui que je l'aime aussi tendrement qu'elle peut le permettre, et que mon amitié pour elle se mêle avec mon amitié pour vous. Il faut bien qu'elle ait une partie de la place que vous occupez dans mon cœur, car si elle n'avait que celle où vous n'êtes pas, elle pourrait bien être mal partagée.

Je vais donc peindre, écrire, étudier, rire, raisonner, courir et m'arrêter avec vous. Je voudrais d'avance vous céder tout le plaisir que j'y aurai, en échange du vôtre, et vous ne me soupçonnez pas de vouloir faire un bon marché. Il me semble que je vais vivre une nouvelle vie et être rendu à mon élément. Ce n'est qu'avec vous que le temps a tout le prix qu'on lui donne; il n'a que le défaut du temps, c'est de finir.

Adieu, ma sœur, j'ai plus d'affaires que je n'en ferai; j'ai quitté ma lettre pour donner environ deux cents signatures.

XXII

Votre absence est déjà longue et funeste, chère et jolie sœur, et j'ai eu le temps de faire de petites sottises chez madame de Montesson (1), dont votre présence ou le plaisir de souper chez vous m'aurait défendu. Au reste, ce qu'il y a de plus perdu à cette partie-là, c'est l'honneur, parce que j'avais donné ma parole de ne pas jouer. Mais l'honneur n'est qu'un mot, et l'argent est une bien jolie chose dans le siècle où nous vivons.

Revenez vite pour me gronder et me consoler, ma chère envoyée du ciel. Je me doutais des précautions prises à Choisy contre les curieux. Cependant, on aurait été sûr que je n'aurais pris garde qu'à vous; vous me rendez, partout où vous êtes, très indulgent pour les fautes des autres et très indifférent pour leur mérite.

Nous avons vu hier Delphine; j'étais avec madame de Mirepoix et ma sœur Lucile dans les Champs-Élysées. En passant devant votre grille, Lucile a vu Delphine sortant du salon. Alors il fallait entendre l'une crier et voir l'autre courir. Il n'y avait rien de si joli que la joie de Delphine et son espèce d'attendrissement en me voyant. Lucile ira demain chez vous. Delphine est priée dimanche à goûter chez madame de Mirepoix; elle était brillante comme un petit narcisse. Son teint, ses couleurs, ses lèvres, ses cheveux étaient dans toute leur valeur; j'en étais glorieux pour vous, car je sais où vous mettez votre gloire.

Adieu, ma sœur, revenez; j'ai besoin de vous comme on a besoin d'air en été et de soleil en hiver. Adieu encore; je vous baise en bon père, en bon frère et en ami suspect.

---

(1) Madame de Montesson épousa le duc d'Orléans, petit-fils du Régent, et cette union qui devait rester secrète fut bientôt connue.

XXIII

Ce 21.

Si ma bonne sœur veut m'attendre, nous monterons à cheval vers une heure, parce que je suis obligé d'aller à l'Arsenal voir un grand prince à qui j'ai affaire. Mais je ne voudrais pas renoncer pour cela à une aussi belle journée que celle-ci; ce serait perdre le plus clair de son bien.

Je vous demande pardon de ma tristesse d'hier. Je me trouve bien ennuyeux; vous en aurez plus de mérite à m'aimer un peu, et je sais par une dure expérience que vous aimez mieux le mérite que le plaisir.

XXIV

Provins, ce samedi.

La promenade à cheval perd bien de son prix quand on n'a pas sa sœur à ses côtés, et surtout quand on lui tourne le dos comme je le fais. Je ne veux pas parler de la peine que cela me cause, d'abord parce qu'elle est folle, et puis parce que d'en parler m'empêche de m'en distraire. Je vous reverrai et je vous retrouverai la même; c'est presque tout ce qu'il me faut. Le voyage s'est assez bien passé. Je crains seulement que ma petite jument n'ait de la peine à soutenir la gageure; le cheval de l'évêque s'est mieux montré.

Je n'ai ni déjeuné ni dîné, mais je viens de souper comme un ogre. Il n'aurait tenu qu'à moi de ne point souper seul; on m'a dit, quand je suis arrivé à mon auberge : « Il y a ici un prince. » J'ai demandé quel prince. « C'est, m'a-t-on dit, un prince de la Salle qui vient pour un canal qu'il va faire construire. » En m'informant davantage, j'ai su que c'était le prince de Salm (1). Concevez-vous qu'on donne à un prince allemand l'entreprise d'un canal en Brie? Au reste, on chante dans tout Provins les louanges du prince; il est poli, affable, parlant à tout le monde, saluant jusqu'aux petits enfants. Le peuple était rangé en haie pour le voir passer, et l'on a bien voulu m'avertir pour que j'aie le même honneur. J'ai témoigné une indifférence qui a surpris tout le monde. On est venu me dire qu'il était beau et d'un abord facile, mais qu'il avait derrière lui ses deux eunuques (on voulait dire heiduques), qui faisaient trembler. Enfin le prince est ici l'idole du peuple, ce qui prouve combien il y a loin de Provins à Paris.

Adieu, sœur, n'attendez pas de Sannazar (2) aujourd'hui; je n'ai pas besoin de lui pour m'endormir, mon cheval a suffi pour cela. Adieu encore, je vous embrasse mille fois et je vous demande seulement de me le rendre une.

Mille amours à ma Delphine et à votre Elzéar.

Je rouvre ma lettre pour vous dire qu'en ce moment on tire un feu d'artifice pour le prince.

---

(1) Ce prince, qui avait fixé sa résidence ordinaire à Paris, a été jugé sévèrement par madame du Deffand; son hôtel est devenu le palais de la Légion d'honneur.

(2) Sannazar, surnommé le Virgile chrétien, écrivit des poèmes latins à la fin du quinzième siècle.

XXV

Je ne suis pas si découragé que le jour où je vous ai écrit de ma route, ma chère sœur. Mon voyage s'est mieux passé que je ne m'y attendais, et j'ai revu ma mère avec autant de plaisir que si je ne vous avais pas quittée. La Lorraine est si charmante que j'ai eu regret en la revoyant que votre neveu eût obtenu l'évêché de Laon. Vous seriez venue dans mon pays, vous auriez connu ma mère, vous l'auriez aimée comme votre mère, et elle vous aurait aimée comme sa fille. Tout cela fait naître en moi des idées bien riantes, qui font place ordinairement à des réflexions bien tristes..... Si vous n'êtes pas toujours la meilleure des sœurs, je serai le plus malheureux des hommes.

J'ai revu ma pauvre Malgrange : je n'en ai plus que la moitié, j'ai cédé la plus jolie à M. de Beauffremont, mais ce qui m'en reste me plaît encore. Ma maison est simple et pauvre, mais propre et gaie. Il y a dans ma cour un marronnier d'Inde planté par la sœur de Henri IV, sous lequel on mettrait cent cinquante hommes à couvert. J'ai un petit jardin qui est terminé par un bois d'environ cent pas de tour, où l'on peut faire une demi-lieue sans revenir sur ses pas; j'ai une figuerie, une serre, une quantité de cerisiers couverts de fleurs. Je vais avoir trois ou quatre moutons sous mes fenêtres, qui seront enfermés dans un treillage de fil d'archal si clair qu'ils ne s'en douteront pas et feront comme les hommes qui se croient libres, parce qu'ils ne voient pas leurs chaînes, et qui pensent faire leur volonté en suivant le cours des choses.

Si je suis au monde quand vous ne serez plus jeune, je vous proposerai d'acheter à nous deux une maison de campagne, pour que vous connaissiez une fois tous les plaisirs qui vous auront manqué jusqu'alors. Vous ne savez pas qu'on peut avoir des sentiments maternels pour des arbres, pour des plantes, pour des fleurs; vous ne savez pas qu'un jardin est un royaume, où le prince n'est jamais haï et où il jouit de tout le bien qu'il fait. Votre jardin de Paris ne vous donne pas l'idée de tout ce bonheur-là. Ce n'est qu'un chemin planté qui mène à votre pavillon; vous ne connaissez aucun de vos arbres et vous leur faites couper tête, bras et jambes sans y penser. Vous changerez bien d'avis quand vous saurez comme moi que les arbres ont du sentiment et qu'ils s'aperçoivent du bien et du mal.

Je vous envoie un paquet énorme à l'adresse de M. Fontaine pour ne pas vous ruiner. C'est une note pour un abbé auquel je m'intéresse beaucoup, et pour qui je voudrais bien que vous fissiez parler à la comtesse Diane, afin qu'elle encourageât Madame Élisabeth à suivre ses bonnes dispositions pour lui. J'y joins un secret pour fixer le pastel qui m'a quelquefois bien réussi. S'il est susceptible de perfection, il faudra tirer MM. de Faujas et de Brèves du sanctuaire de la nature pour les employer un moment à notre utilité. Je sens que c'est à peu près comme si nous engagions Thalès et Pythagore à nous faire de la soupe, eux qui n'ont peut-être fait que de l'eau claire.

J'ai moins travaillé que je ne comptais; j'ai toujours remis l'ouvrage du matin au soir et du soir au matin, au lieu de travailler comme je me l'étais proposé, du matin au soir et du soir au matin. Vous êtes accoutumée à ma paresse, et moi à votre indulgence; cependant je me sens tourmenté par vos reproches, et j'ai un certain malaise intérieur qui me dit que vous n'êtes pas contente. Aussi je me promets bien de travailler ce soir comme un cheval, pourvu que je ne dorme pas comme une marmotte.

Je serai inquiet ou fâché si je n'ai pas de vos nouvelles d'ici à deux jours; vous écrivez vingt fois par jour à la comtesse Louise, et voilà huit jours que je languis. J'ai quelque crainte de cet air de rougeole et de ces temps secs qui amènent toujours des maladies. Je vous ai demandé quatre pages à mon départ, je vous en dispense pour avoir plus souvent des lettres. Je suis comme les médecins pour le régime; j'aime mieux peu et souvent que beaucoup et rarement. Mais je suis encore plus comme les gourmands qui veulent beaucoup et souvent. Je crains que chaque jour d'absence ne soit sur le souvenir que je voudrais vous laisser comme une couche de poussière sur un tableau; à la longue il devient méprisable et méprisé. Votre image n'est point dans ce cas-là chez moi; elle est placée en lieu de sûreté et si souvent contemplée qu'on ne la laisserait point se gâter. Ce qui m'affligerait le plus, ce serait que vous ne vous aperçussiez pas quelquefois que je ne suis pas là. Je voudrais vous faire prendre une telle habitude de moi que vous prissiez plus garde à mon absence qu'à ma présence. Ce que je vous propose là a l'air fort modeste et ne laisse pas d'être fort ambitieux.

Adieu. Je vous écris entouré de Lorrains qui me parlent leur langage, je crains qu'il ne passe dans ma lettre. Je prie Delphine de vous parler de moi avec éloge.

XXVI

Je suis plus triste cent fois que je ne devrais l'être, ma sœur, et je n'en devine pas la raison. Je vous ai quittée plusieurs fois pour plus longtemps, pour des raisons moins touchantes et pourtant avec moins de regret. J'ai l'esprit vide et troublé ; je n'y puis distinguer qu'une seule idée, et c'est toujours la même. Je voudrais me mettre à l'ouvrage que je vous ai promis de continuer, et quand j'ai la plume à la main, je la quitte faute de pouvoir m'en servir. Le grand air et l'exercice ne me font aucun plaisir; j'espère que je suis malade, car sans cela je serais fou.

Je me suis arrêté hier à Luzancy, chez le comte de Bercheny (1), et pour la première fois je me suis surpris un mouvement de jalousie. Je l'ai vu occupé de sa femme et de sa terre, heureux du bonheur que j'ai toujours désiré et que je n'aurai jamais. Il fait des choses charmantes; il passe sa vie à en jouir, à s'en applaudir, à en projeter de nouvelles. Sa femme a l'air de prendre part à tout et d'aimer la campagne autant que lui. Je me demandais : Quel bien cet homme-là a-t-il fait pour être aussi bien traité du sort, et quel crime ai-je commis pour l'être aussi mal? Voilà le poison qui s'est glissé dans mes veines et qui agit encore.

Il faut que je travaille sur moi; je me croyais meilleur

(1) Luzancy est près de Meaux; le nom de Bercheny a été porté jusqu'en 1790 par un régiment français.

que je ne suis au fond de l'âme. Si je restais aussi imparfait que cela, je ne serais pas même digne d'être votre frère. Écrivez-moi à Nancy, ma bonne sœur; jamais je n'ai eu tant de besoin de vous. Parlez-moi de vos études, de vos travaux, de vos plaisirs et même de vos petites peines, supposé que votre âme paisible en puisse éprouver. Votre souvenir, votre amitié, votre confiance sont mes seuls trésors. Je commence à y compter pour jamais, et je me trouverais bien riche, si je pouvais ne vous rendre pour tout cela que la même chose. Il me semble déjà que je me trouve mieux depuis que je vous écris; vous avez même de loin de l'empire sur mes pensées. Vous faites plus que la belle Vénus de Lucrèce dont l'aspect apaise les tempêtes et rend le ciel serein; car il fallait sa présence, et il ne faut que votre idée.

Pardonnez-moi mes tristes folies, ma sœur; vous avez moins que personne le droit de m'en punir. Si un de vos amis vous avait blessée par mégarde, il devrait vous soigner, quand même il ne pourrait pas vous guérir.

Adieu, je me sens l'esprit plus calme et plus clair; je vais en profiter pour travailler à mon roman. Adieu encore une fois; baisez vos jolis enfants de ma part et dites-leur que je vous en ai priée.

XXVII

Ce 2 mai.

C'est une grande folie de vous écrire et de vous aimer, chère sœur, car vous ne répondez ni à qui vous écrit ni à qui vous aime. Mais il faut se contenter du peu que vous rendez et même du peu que vous acceptez de tout ce qu'on vous offre. Je compte partir le 8 ou le 9 et arriver à Paris le 10 ou le 11. Je crains Marly comme le feu, parce qu'il m'empêchera de vous voir à mon arrivée. Vous devriez bien me mettre aux pieds de ma cousine d'Andlau, pour qu'elle me mît aux pieds de mon cousin de Poix, pour que je trouvasse à mon arrivée à Paris la permission de faire ma cour. Mon départ pour mon régiment sera plus prochain que je ne comptais, à cause que je n'aurai point mon major de longtemps. Il faut pour comble de contrariété que sa femme ait la petite vérole, au moment où il m'est le plus nécessaire. J'ai plus besoin de gaieté qu'un autre, car je n'ai jamais été heureux à aucun jeu, et du moins la gaieté rend beau joueur, à moins qu'on ne la perde aussi, ce qui pourrait bien arriver en jouant avec vous.

Il me tarde de vous voir, ma sœur. Tout ce qui n'est pas vous m'est étranger : vous êtes devenue tous mes parents et tous mes amis, et je ne sais que faire des heures que je ne passe pas chez vous. J'espérais mettre l'absence à profit pour l'ouvrage que vous m'avez commandé, mais je trouve loin de vous beaucoup de vide et peu de loisir. Je ne loge point chez moi parce que je ne suis pas assez longtemps en Lorraine pour m'y éloigner de ma mère. Elle est dans ma chambre quand je ne suis pas dans la sienne.

J'ai revu avec plaisir les ouvrages d'une femme de mes amies qui a assez de coloris, moins de dessin et encore moins de touche. Elle saisit assez bien les ressemblances, mais elle y réussit moins que dans les copies de tableaux. J'en ai vu d'elle de la plus grande force. Tout cela la rapproche plus de vous que sa figure. N'importe, j'ai peint chez elle avec plus de plaisir que je n'en ai ordinairement à peindre. Elle m'a trouvé très fortifié et m'a demandé si j'avais eu un maître. J'ai rougi de honte et surtout de plaisir de me trouver votre écolier. J'ai dit, pour me tirer d'embarras, que j'avais beaucoup travaillé chez quelqu'un qui m'en avait appris bien plus qu'elle n'en sait. Je m'entendais bien en disant cela, mais on a cru que je parlais de la peinture. J'ai pourtant fini par faire malgré moi un si grand éloge de vos talents, qu'on m'a regardé comme un fat de m'être comparé à vous, et l'on a eu raison. Je serai toujours de l'avis de ceux qui vous préféreront à moi. Je ne songe point à vous effacer, j'y perdrais trop; tout ce que je demande, c'est d'en approcher.

Je reçois dans ce moment votre jolie lettre, chère Sabran. J'ai presque regret à mes reproches, et surtout je vous remercie des vôtres; je vous ai dit tout à l'heure à quel point je les mérite. J'espère toujours que je réparerai tout à Anisy. Comme vous y serez une espèce de souveraine, vous m'obligerez à travailler et vous me fixerez les heures et les tâches.

Je vous remercie de ce que vous faites pour mon prêtre. Vous tenez au clergé par bien des liens; vous avez un neveu évêque (1) et un frère abbé. Il est à propos que vous vous montriez la mère de l'Église, et vos bontés maternelles ne peuvent pas mieux tomber que sur mon protégé.

Si ma sœur était aussi aimable qu'elle est aimée, je trouverais en arrivant chez moi à Paris un petit mot qui m'instruirait de sa marche et qui par là réglerait la mienne. Au lieu de m'écrire, chargez-en ma Delphine qui aime tant le travail du cabinet. Adieu, je sens approcher le

(1) La comtesse de Sabran appelait l'évêque de Laon son neveu.

moment de vous revoir, et le cœur commence à me battre. Adieu encore, ma sœur.

XXVIII

Il est très vrai que je ne suis pas fait pour vous quitter, ma chère sœur. Je sens déjà le besoin de vous revoir comme si je ne vous avais pas vue depuis un an. Je mesure l'absence, non par ce qu'elle a duré, mais par ce qu'elle durera. De Douai je me tournerai vers Anisy, comme les Juifs se tournaient à Babylone du côté de Jérusalem.

Laissez-moi croire que vous vous êtes habituée à moi et que vous vous apercevrez bientôt qu'il vous manque quelque chose. Regardez-moi comme un meuble de toutes vos chambres, et faites-en un meuble nécessaire, car je ne suis pas un être de parade. Quand vous peindrez, quand vous lirez, quand vous étudierez, quand vous ferez des vers, quand vous embrasserez vos enfants, quand vous les gronderez, pensez à moi ; je vous ai aidée à tout cela. Souvenez-vous que la parfaite amitié chez les anciens s'appelait *necessitas* (1); appelez-la comme eux, et que ce ne soit point un vain nom.

J'ai bien envie de vous donner une commission, c'est de m'envoyer à Douai la carte de Cassini où Douai se trouve. On la vend dans la rue Dauphine, chez un artificier; je crois que le marchand se nomme Jobert. Il vous en coûtera six francs, mais je vous les rembourserai à Anisy.

---

(1) Nécessité.

Adieu, tout ce que j'aime. Mesdames de Mirepoix, de Rochefort, de Boisgelin viennent d'arriver suivies de M. de Nivernais. Je vous quitte avec bien du regret, même par écrit.

Écrivez-moi souvent, envoyez-moi vos vers, votre prose, vos questions, etc. Et surtout répétez-moi souvent que vous m'aimez un peu, car sans cela la vie serait trop triste.

XXIX

Douai, ce 18 juin.

J'ai tout laissé auprès de vous, ma bonne sœur, jusqu'à mon pauvre esprit. Je suis ici d'une apathie et d'une bêtise bien dignes du gros air qu'on y respire; je sens que je ne sens rien, je pense que je ne pense point. J'ai un mal de tête supportable à la vérité, mais continu, qui est la cause ou l'effet de mon ennui, et je me soutiens en me disant de temps en temps que tout cela ne durera pas au delà des premiers jours de juillet.

A propos, pourquoi ne me répondez-vous point, pourquoi ne faites-vous point mes commissions, vous que j'ai toujours louée sur votre exactitude? Je comptais trouver ici en arrivant une lettre de vous, cela m'aurait tenu lieu de quelqu'un de connaissance. Je vous avais demandé de m'envoyer la carte de Cassini où sont les environs de Douai; en attendant que je vous visse, j'aurais du moins vu le chemin qui me mènera à vous. Vous m'avez tout refusé; je suis condamné à tout l'ennui de l'absence et à toute l'humiliation de l'oubli.

Ce qui me tourmente le plus, c'est d'imaginer qu'il passe peut-être par ici des lettres pour la comtesse Auguste. En vérité, j'en suis jaloux comme d'un rival mieux traité. Je l'aime pourtant parce qu'elle vous aime, et même parce que vous l'aimez. Mon plus sûr parti, c'est d'être toujours d'accord avec vos amis; je suis trop faible pour leur déclarer la guerre, et je fais comme les vils courtisans qui ménagent et même qui flattent tous les favoris. C'est dans ces sentiments-là que je partirai dans quelques jours pour Raismes. Plusieurs de mes officiers y ont été, et on les a très bien reçus; ils me parlent avec admiration des vers qu'ils ont vu faire. Je suis toujours tenté de leur dire que tout ce qu'ils ont vu n'est pas de la bonne faiseuse; mais depuis que j'ai eu le plaisir d'être vaincu par vous, vous me permettrez de ne plus vous comparer aux petits poètes de votre sexe.

Écrivez-moi donc, ma chère et bonne et douce enfant; songez que vous êtes cent fois plus aimée de moi que vous ne vous trouvez aimable, et que vous devez m'en savoir quelque gré; songez que l'absence est affreuse après la douce habitude que j'ai prise de ne presque pas vous quitter; songez enfin que vous me feriez un vrai chagrin si vous me laissiez plus longtemps dans la crainte d'être moins aimé, même que vous ne me l'avez dit.

Cette ville-ci est triste et cérémonieuse; on y est d'une grande et froide politesse, et tout le monde a l'air de s'y ennuyer à qui mieux mieux. D'ailleurs, ceci n'a point pour moi le même intérêt que la Bretagne, où d'un moment à l'autre on pouvait aller au-devant des occasions ou les voir venir au-devant de soi. Ce pays-ci est fertile en grains et stérile en événements. Je ne sais point encore quand je le quitterai; je vois avec quelque consolation la saison s'avancer et tous les grands projets, où je n'étais pour rien, s'évanouir avec le temps propre à les exécuter. Pour peu que cela dure, je ne demande pas mieux que de rester ici, puisque je suis à portée de ce que je préfère *presque* à la gloire. Quand je dis *presque,* je mens et j'en rougis.

Adieu, cher ange de la peinture et de la poésie; j'espère que vous penserez à moi toutes les fois que la touche ou la rime vous manqueront. Pour moi, je n'ai besoin de rien pour penser toujours à vous avec un attendrissement que je ne sais point rendre. Baisez ma Delphine et mon Elzéar, et mandez-moi des nouvelles de Bertaut.

Je vous envoie la lettre de M. de Veau, parce qu'elle m'a fait plaisir comme si je n'avais eu que vingt ans et que je voudrais vous faire partager tous mes plaisirs de vingt ans. Vous me la rendrez à Anisy.

XXX

Ce 6 juillet.

Je ne suis pas encore tout à fait revenu à moi, chère sœur, et peut-être n'y reviendrai-je qu'en revenant à vous. J'ai été vraiment malade en arrivant ici, et après un combat de cinq ou six jours, j'ai triomphé sans l'aide d'aucun remède d'une fluxion, d'une colique d'estomac, d'une fièvre et surtout d'un abattement d'esprit et de corps qui me rendait méconnaissable et dont j'étais même honteux. Tout cela est fini; et quand le mal est passé, il ne faut point trop en parler, de peur qu'il ne croie qu'on le rappelle.

Quand vous reverrai-je donc, vous que j'aime tant? Quand passerai-je des mois, des années, des siècles avec vous? A la fin du mois j'irai peut-être à Anisy, mais pour revenir ici bientôt après, un peu plus triste que cette fois-ci, parce que je vous aurai vue un peu davantage et surtout parce que je vous quitterai pour plus longtemps. Le ciel ne réunit guère que des gens qui s'ennuient ensemble; il en sépare qui seraient si heureux! Vous croirez, ma sœur, que la vanité s'empare de moi. Je vous aime comme si vous m'aimiez; je n'en suis pas plus fier, mais j'en suis plus content quand je vous vois et plus triste quand je ne vous vois pas.

Mandez-moi des nouvelles de la petite romance. Vous devriez y ajouter quelque chose; je veux dorénavant que vous ayez part à tout ce que je ferai. C'est de vous que j'attends la douceur et la grâce qui me manquent. L'ormeau ne prête à la vigne que ses branches; en reconnaissance elle le pare de ses belles feuilles et de ses doux fruits. Je n'ai pas plus de charme que l'ormeau, et je ne sais pas si ma sœur a plus de force que la vigne. Elle a bien en revanche la douceur du bon raisin, et elle fait bien l'effet du bon vin, surtout à ma mauvaise tête.

Je viens de faire ici une emplette qui m'a ruiné, mais qui m'aidera à remplir le vide de beaucoup d'instants : c'est un recueil de tous les poètes latins, soit entiers, soit par fragments, depuis Plaute jusqu'à la destruction de l'empire romain.

Je devrais avoir de vos nouvelles, elles me sont nécessaires. Je vous ai laissée souffrante; et comme je souffrais moi-même, je pensais dans ma route que vous étiez peut-être encore plus malade que moi, et cela ne me guérissait pas. Il faut mon ridicule attachement à mes devoirs pour n'avoir pas retardé mon départ d'un jour, car vous aviez de la fièvre.

Écrivez-moi donc et souvent et beaucoup. Si vous m'aimez un peu, vous trouverez toujours quelque chose à me dire; et si vous savez combien je vous aime, vous serez toujours sûre d'être lue avec avidité.

Adieu, ma sœur, embrassez vos enfants pour moi. Remerciez votre saint neveu de la bonne réception qu'il m'a faite et de toutes celles qu'il me fera, et demandez-lui s'il a songé à mes deux pièces de vin, car je ne bois que de l'eau en les attendant.

XXXI

Je ne vous écris qu'un mot dans l'amertume de mon cœur. Voilà au moins six lettres sans réponse. Vous connaissez une partie de ma sensibilité, et si vous pensez à moi quelquefois, vous devez vous imaginer que je suis dans l'inquiétude. Ou vous ne voulez plus m'écrire et sans doute me voir, ou vous êtes malade, ou vos enfants le sont, ou vous êtes d'une légèreté que je n'aurais jamais soupçonnée. Si vous êtes malade, faites-le-moi mander; je mérite de vos nouvelles plus que personne. Si vos enfants sont malades, écrivez-moi vos peines; qui est-ce qui saura mieux les sentir et les partager? Si tout cela tient à votre légèreté, dites-vous bien à vous-même qu'elle désespère le meilleur de vos amis.

Adieu, ma sœur; je ne sais ce que je deviendrai si le courrier de demain ne m'apporte rien.

XXXII

Raismes, ce 16 juillet 1779.

La comtesse Auguste jure par tous les anges du paradis (car j'imagine qu'elle se sert d'eux pour cela comme nous nous servons des diables), elle jure, dis-je, qu'elle n'a cessé de vous écrire par Laon; elle ne sait à quoi attribuer l'inexactitude de la poste. Je ne l'ai vue que bien imparfaitement hier, votre blanche amie; sa belle-sœur est arrivée une heure après moi. Son mari est ici, madame de La Marck y est aussi, qui m'a reçu comme l'enfant prodigue. Si toutes les femmes vieillissaient comme celle-là, ce ne serait pour personne la peine d'être jeune. Voilà comme je voudrais que vous pussiez vieillir, après ma mort, après avoir vécu comme elle pendant ma vie, car pour conserver du sentiment sous vos cheveux blancs il faudrait en avoir montré sous vos cheveux blonds.

On dit, mais je ne le crois pas absolument, que le cœur va toujours en se refroidissant. Si cela est, prenez garde au vôtre. Songez, vous qui faites profession de tiédeur, que vous deviendrez un glaçon. Vous plairez peut-être encore comme un vieux livre bien écrit, mais vous ne serez plus aimée parce que vous n'aurez jamais aimé. Vous pourriez me dire à cela qu'on vous aime à cette heure bien follement, tandis que vous n'aimez que bien raisonnablement. Mais d'abord, cela ne durera qu'autant que moi; et puis en cela vous êtes traitée comme le maréchal de Saxe pour le cordon bleu. On le lui a offert, quoiqu'il fût hérétique, en lui donnant cent ans pour se convertir.

Hier, nous avons été avec le comte Auguste, sa femme et sa sœur, à Valenciennes, voir madame de Fronsac qui y est depuis deux jours. Nous y avons soupé avec la comtesse Diane, qui va à Spa. Pour nous, il paraît que si nous allons quelque part, ce sera à Gibraltar, car tous les approvisionnements qui se font en munitions de guerre et en effets de siège ne pourront servir nulle part ailleurs. Au reste, nous marchons tous avec un bandeau sur les yeux, bien heureux si ceux qui nous mènent n'en ont point autant.

On parle toujours, mais bien faiblement, de l'indisposition du général Chabot; on dit qu'à son défaut ce serait M. d'Egmont. J'en serais peu fâché, parce que l'un est de tous les gens que je connais celui que j'aime le moins, et l'autre est de tous les gens que je ne connais pas celui que j'aime le mieux.

Adieu, sœur aimée, aimez votre frère quelque part que vous soyez et quelque part qu'il aille. Je me ressouviens qu'il y a deux jours, je vous ai écrit dans ma première émotion une lettre bien triste. Je me la reproche si elle vous a ennuyée; mais si en vous ennuyant elle vous avait fait quelque impression, je serais fort consolé, car je voudrais bien avoir l'esprit tranquille sur vous et vous le voir sur vos enfants. J'ai besoin de votre vie pour vivre et de votre bonheur pour être heureux.

XXXIII

Raismes, ce jeudi 26.

Si d'après toutes mes inconséquences et toutes mes

variations vous êtes à Landrecy, chère sœur, attendez-moi jusqu'à demain à midi. Jacquot a ordre, après vous avoir remis ma lettre, de prendre un cheval de poste pour venir m'avertir à Cambrai. Il y arrivera aux portes ouvrantes; j'en partirai aussitôt, et je serai auprès de vous vers huit heures du matin.

Je vais à Cambrai, parce que d'après votre dernière lettre et d'après la dernière que je vous ai écrite, vous devez vous rendre à Valenciennes, et que j'ai voulu vous empêcher d'aller dans cette ville. Elle est pleine de troupes, de colonels, de généraux, tous à l'affût de ce qui arrive, parce qu'on attend l'Empereur.

Adieu. Ne m'accusez point de ne pas penser à vous. Je voudrais pouvoir quelquefois penser à autre chose, car je sens que ma tête travaille trop, et j'ai peur qu'elle ne saute comme une bouteille de vin de Champagne.

XXXIV

A *Eu* ou bien à *la ville d'Eu*, ce 27 août 1779.

Je suis glorieux, ma sœur, d'avoir à répondre à deux lettres à la fois, et j'avais bien besoin de ce petit triomphe-là pour compenser toutes mes humiliations. Vos lettres ont tant d'avantages sur les miennes que vous ne vous souciez ordinairement pas d'y joindre celui du nombre. Pour moi qui suis blasé sur tout ce qui tient à la délicatesse, ce que j'estime le plus dans vos lettres, c'est la longueur et la quantité. Votre style est à vous, mais votre souvenir est à moi.

Je ne vous fais point d'excuses de mes inquiétudes et

de mes importunités; au contraire, je vous en promets toujours autant et peut-être pis en cas de silence. Songez à la peine que le silence vous ferait si vous aimiez. Je suis charmé de vous savoir avec votre amie; je vous envie toutes les deux, et surtout je crains que la comtesse Auguste ne vous dégoûte de toute autre société. Pour madame de Fronsac, je ne la crains pas; elle est fort gentille, elle n'a pas de défauts marqués, mais ses agréments durent environ un quart d'heure. Ceux de la bonne comtesse semblent gagner à chaque instant. Baisez ses belles mains de ma part et dites-lui ce que je pense d'elle.

J'aime mieux vous savoir sur un âne que sur mon cheval, au milieu de ces dames auxquelles vous penseriez plus qu'à vous. Je vous souhaite beaucoup de plaisir dans vos courses; mais si vous étiez aussi fatiguée que moi de la chaleur et du mouvement perpétuel, vous désireriez le repos comme le voyageur surpris par la tempête dans la mer Égée. Voilà environ huit jours que je passe sans dormir, au milieu du tumulte d'un régiment en marche, dans des endroits où il ne peut être rassemblé et où il est dispersé à quatre lieues à la ronde. Depuis le colonel jusqu'aux dernières recrues, nous sommes tous sur les dents, et je sens qu'il n'y a qu'un voyage d'Anisy qui puisse me remettre de mes fatigues et surtout de mes ennuis.

Vous ne me mandez pas si l'évêque a monté mon cheval. Je vois qu'il se borne à le nourrir; ce n'était point là mon objet unique en le lui envoyant. Si vous le montez, que ce soit après l'avoir beaucoup fait monter, descendre, avancer et reculer sous vos yeux, et surtout que ce ne soit qu'au pas jusqu'à ce que je sois là pour être votre instituteur à tous les deux, et que je puisse apprendre à l'un à obéir et à l'autre à commander.

Je n'ai point eu de nouvelles de ma cousine à qui j'ai écrit une lettre pleine d'amitié, d'abord parce que je la sens, et puis parce qu'elle m'était bien recommandée. Dites-lui à présent que c'est moi qui me plains d'elle et mandez-moi comment elle se porte.

Je ne vous ai point assez parlé de votre romance ; c'est un ouvrage charmant dans son ensemble. Il y règne un ton de douceur et de sentiment qui va à l'âme, et qui empêche à la première lecture d'apercevoir les fautes de détail. Cette manière-là de faire illusion plaît cent fois plus que la correction et peut-être même que la perfection.

Quant à votre air de la chanson philosophique, ma chère enfant, c'est un air que vous vous donnez. Je l'ai fait chanter à un officier du régiment qui est musicien et qui le savait. Que cette petite honte-là ne vous empêche pourtant pas de m'envoyer le reste de la marche. Il me semble que la comtesse Auguste est aussi musicienne que poète ; elle vous aidera à noter, et j'ai un homme dans ma musique qui corrigera toutes les fautes en arrangeant les partitions. Je me réjouis d'entendre jouer cette marche-là, quelque imparfaite qu'elle puisse etre, à la tête du régiment, et de marcher pour ainsi dire à vos ordres.

Envoyez-moi votre ode et souvenez-vous que mon adresse est à Eu, et non pas à d'Eu. A propos de d'Eu, M. de Penthièvre (1) a ici un grand château meublé. J'avais fait prier madame de Rochambeau, son amie, de lui proposer comme d'elle-même de m'y donner un logement, ainsi qu'à M. de Gand, parce que la ville est petite et que des logements très incommodes pour nous sont très à

(1) Le duc de Penthièvre, malgré les reproches que lui adresse le chevalier de Boufflers, était très bienfaisant et jouit d'une grande popularité. Son château d'Eu est aujourd'hui la propriété du comte de Paris.

charge à la bourgeoisie. Son Altesse a refusé net ; ce trait-là retarde ma conversion de cent cinquante ans, parce que j'aime mieux être bon diable que mauvais saint.

Adieu, ma bien-aimée ; embrassez Delphine de la part de son véritable ami.

XXXV

A la ville d'Eu, ce 14 septembre 1779.

Vous souffrez, cher et bel et bon enfant, et je ne suis pas là pour vous plaindre, vous soigner et vous distraire. Je demanderais en vain de souffrir à votre place toutes les douleurs et toutes les peines qui peuvent vous attendre, le ciel me trouverait trop heureux ; car s'il a des yeux qui lisent au fond des cœurs, il voit avec quelle tendresse et quelle folie je vous aime.

Je pourrais vous faire un petit sermon sur l'impatience qui ajoute à votre mal, mais j'espère que la colère et la fluxion seront parties avant que ma lettre arrive, et que vous serez rendue à votre douceur et à votre délicatesse accoutumées. Moi qui vous parle, je n'ai pas eu un bon moment depuis que je suis ici, mais je vis de l'espérance d'aller respirer l'air pur d'Anisy. J'ai pour première épreuve de ma patience un mal de dents sourd qui ne me quitte pas, et qui devient aigu quand je mange, quand je ris et quand je commande. Il se joint à cela de fréquentes migraines, telles que vous m'en connaissez, et de temps en temps de la fièvre.

Ce que je crains le plus, c'est de me trouver arrêté au moment où je recevrai la permission que j'ai demandée de m'absenter pendant quelque temps. L'air d'ici est ordinairement très bon, mais il règne à cette heure une maladie épidémique qui emporte beaucoup de monde. L'hôpital est plein de mes soldats que je vais visiter tous les jours. Jusqu'à présent aucun d'eux n'est mort, quoiqu'il meure beaucoup de bourgeois. Si une fois la maladie devient mortelle, je ne saurai que faire; j'ai plus de soixante malades dans la même salle, et comme on n'en peut point avoir d'autre, la peste s'y mettra. Au reste, cette maudite dysenterie ravage également la Normandie et la Bretagne, et met beaucoup de non complet dans l'armée, en sorte qu'il faudra ajouter des troupes si on veut tenter l'expédition avec le nombre projeté. Mais cette expédition demande des gens plus expéditifs.

En attendant, si ma permission arrive, j'irai droit à Anisy par Amiens, Noyon, Couci, et je dînerai avec vous le lendemain de mon départ. Je retrouverai auprès de vous ma gaieté, ma santé, mon courage qui diminuent à mesure que le temps de l'absence augmente, et je vous devrai peut-être, non pas le bonheur, car..... mais la vie. J'aime à le croire et à penser que ma bonne sœur en sera bien aise.

Il me faut cette douce espérance pour combattre un noir pressentiment qui s'élève de temps en temps en moi depuis que je vous ai quittée, c'est que je ne vous reverrai pas. Ce n'est pas pourtant que je prévoie quelque danger pour vous, ni même pour moi; c'est une crainte vague que je combats, que j'éloigne, que même je maîtrise presque toujours, mais qui me saisit quand je m'y attends le moins et dont la raison ne parvient point à me débarrasser tout à fait.

Pardonnez-moi ma tristesse, charmante sœur. Je souffre,

je vois souffrir et surtout je suis loin de vous; ces raisons-là sont plus que suffisantes.

J'ai pourtant, comme vous le croyez bien, des moments moins fâcheux. Hier, j'étais le dieu de la ville d'Eu; j'ai fait tendre un camp, j'ai donné à dîner sous ma tente à cinq ou six très belles dames. On est sorti de table au bruit d'une attaque très vive; de là on a été voir tirer à la cible et on est revenu danser jusqu'à dix heures. Votre marche a été jouée pour la première fois avec toutes les partitions. Elle ne serait pas plus belle si elle était de Glück ou de Piccini, mais elle ferait moins de plaisir; les dames l'ont fait recommencer trois fois. Pour moi, j'espère bien l'entendre tous les jours, et je voudrais la faire jouer assez fort pour que vous l'entendissiez aussi. Envoyez-moi l'air que vous avez composé à l'honneur de la lune, et dont elle a dû être un peu plus contente que de mes vers. Je suis persuadé qu'il sera charmant avec les instruments à vent; si je ne vous vois pas, je veux au moins vous entendre.

L'*union* qui est par elle-même une si jolie chose et même un si joli mot, termine mal un vers, parce que la rime en *ion* est ingrate.

Adieu, ma sœur; ne ressemblez pas à la rime en *ion,* et souvenez-vous combien vous êtes aimée.

XXXVI

A Eu, ce 2 septembre 1779.

Voilà encore les lettres qui manquent! Je voudrais savoir un moyen de vous en punir. Mon silence ne ferait qu'encourager le vôtre et m'ennuierait plus que vous. L'importunité serait plus dans mon caractère, mais elle serait encore plus inutile, car vous finiriez par ne pas décacheter mes lettres, et après ne m'avoir pas écrit vous ne me liriez plus. Dites-moi donc ce qu'il faut faire, chère enfant. Si j'étais mon maître, je vous dispenserais bien de tout ce que je demande, en courant à vous et en ne vous quittant plus; mais le ciel craint que je ne sois trop heureux.

Je suis ici dans une pauvre petite ville bien éloignée de tous les points intéressants, à trente lieues du Havre, à trente lieues de Dunkerque, sous les ordres d'un général plein d'honneur, de bonté et de zèle, mais que les autres généraux semblent avoir relégué à dessein. Il paraît que nous sommes destinés à remplacer les gens qui s'embarqueraient, et à passer par le second envoi, c'est-à-dire à trouver la besogne faite ou manquée. Vous imaginez sûrement le plaisir que me fait ma position. Je suis entre la philosophie et l'ambition, comme serait un pauvre diable entre son honnête femme, dont il ne se soucierait guère, et une coquine de maîtresse qui écouterait tout le monde excepté lui, mais qui pourtant lui paraîtrait toujours jolie et ne lui ôterait pas toute espérance. L'une m'attend et me promet le bonheur quand je serai revenu à elle; je me tourne de son côté, mais aussitôt l'autre me fait un petit signe et renverse tous mes projets.

Si les choses suivaient leur cours ordinaire, je vous verrais avant un mois, chère sœur; mais je suis corrigé d'espérer, et je m'attends à passer mon automne dans les mêmes agitations que mon été. Il en sera peut-être de même de l'automne de ma vie, à moins que celle à qui j'en voudrais consacrer tout le reste ne change d'un mot l'influence de mon étoile. Mais cette prière-là a toujours été si mal écoutée que j'ose à peine y penser, et si quelquefois je me livre à une douce illusion, elle est suivie d'un abattement et d'une tristesse que je ne puis pas vaincre.

Je reprends ma lettre après un jour d'intervalle dans lequel j'aurais dû recevoir une lettre de vous. Je ne dis encore rien; mais si l'ordinaire prochain manque, mes chagrins et mes inquiétudes recommenceront. Ce qui me rend aujourd'hui d'un peu meilleure composition, c'est l'espérance presque prochaine de vous voir. Il est arrivé hier au soir à M. de Thianges une lettre de la cour pour les inspections et une ordonnance pour les semestres, en sorte qu'à moins d'une expédition les troupes se sépareront cette année comme à l'ordinaire. Vous devinez d'avance quel sera le premier usage que je ferai de ma liberté. Mandez-moi non seulement ce que vous faites, mais encore ce que vous ferez, pour que je mesure autant qu'il me sera permis ma marche sur la vôtre et que je vous suive comme un satellite suit une planète.

Hier, j'ai voulu travailler un instant à votre grande romance, mais j'étais si absorbé et si accablé que je n'ai jamais pu faire un vers. Je me contenterai de critiquer les vôtres :

> Pleurez, cœurs tendres et fidèles,
> Plaignez deux amants malheureux.

1° Les cœurs ne pleurent pas. 2° L'air exige une séparation au milieu des vers ; vous avez plutôt soin de l'éviter que de la marquer. Cette observation n'est pas d'une nécessité absolue, mais cela ajoute beaucoup à la grâce d'une chanson.

Remerciez-moi de ma sévérité, ma charmante sœur; vous savez que ce n'est pas mon premier mouvement, au moins avec vous. Je voudrais bien qu'il en fût de même de vous avec moi. Je vous enverrai toute votre romance critiquée avec cette amertume, et s'il me vient un bon moment, je referai les couplets pour vous donner votre revanche. Adieu, joli ange.

XXXVII

Ce 5 novembre.

Je déteste Paris jusqu'à ce que je le revoie, chère sœur. Il me semble qu'il vous éloigne encore plus de votre pauvre frère que la distance qui nous sépare. Tout vous y occupe, tout vous y distrait, tout concourt et peut-être même travaille à effacer de votre esprit le peu de traces que je pourrais y avoir laissées, et je serai un étranger à mon retour. Jurez-moi bien que non, ma Sabran, si vous voulez que tous les endroits où mon devoir me retient ne soient pas pour moi pires que des cachots, et que mon état et ma vie même ne me soient pas en horreur.

Mandez-moi comment vous vous trouvez au physique et au moral. Je souhaite, comme vous l'imaginez bien, que votre santé soit la meilleure de Paris, mais je vous avoue que je ne serais pas fâché que vous vous ennuyassiez quelquefois, assez seulement pour vous faire penser à moi et vous faire désirer mon retour. Je sens bien qu'il n'y a pas dans ce souhait-là toute la délicatesse que ma Sabran mériterait, mais je ne suis pas meilleur que cela, et les autres ne sont pas meilleurs que moi s'ils aiment autant.

C'est ici que j'ai fait mon chef-d'œuvre de peinture. J'avais tout ce que je pouvais désirer pour cela : un modèle fort agréable qui a à peu près les traits de madame de Coaslin avec une physionomie plus douce et même plus spirituelle, une toile excellente, un jour parfait, une immobilité de soldat prussien. Je l'ai habillée et coiffée en paysanne cauchoise; c'est un ajustement charmant dont je vous enverrai un croquis. Le fond est sombre et vaporeux. Je me suis attaché à imiter votre coloris et à joindre ce que vous avez de moelleux avec ce que j'ai de hardi; mon tableau fait véritablement l'effet d'un tableau flamand. Je voudrais pour beaucoup qu'il fût dans votre ou pour mieux dire dans notre atelier, pour montrer à tout Paris jusqu'où nos deux genres réunis et fondus l'un dans l'autre peuvent élever notre art.

Où en est madame d'Andlau? où en êtes-vous avec elle? Je crains que votre union à toutes les deux ne soit pas si douce que celle de la comtesse Auguste. Vous vous aimez l'une l'autre plus que vous ne vous convenez. Défendez-vous de l'humeur, chère enfant, mais aussi ne vous livrez pas trop à cette charmante douceur qui vous rend l'esclave de tout ce qui vous entoure. On cherchera à vous faire courir, à vous faire veiller, et vous vous porterez moins bien sans vous amuser mieux. Vous trouverez quelque plaisir ailleurs, mais le vrai contentement vous attendra toujours chez vous, entre vos enfants, vos amis et celui qui vous aime mieux que tous les parents et tous les amis réunis. Il me semble souvent qu'on cherche à me nuire auprès de vous; mais si je perdais un rang dans votre cœur, vous seriez vous-même moins heureuse, parce que vous vous reprocheriez à jamais ma désolation. Souvenez-vous-en bien, ma Sabran, et comptez-moi pour quelque chose dans votre bonheur. D'où vient donc cette inquiétude qui me tourmente et dont je vous tourmente aussi, mon enfant? Serait-il vrai qu'on ne peut pas aimer avec sécurité? Si j'étais aussi philosophe et aussi poète que vous, j'écrirais là-dessus, et je peindrais l'inquiétude fille de l'amour et de l'absence.

A propos de vers, je ne vous ai point assez parlé, ou peut-être ne vous ai-je pas dit un mot de vos petits couplets. Ils sont jolis et bons comme vous, ils ont cette aimable négligence qui donne quelque prise à la critique, mais qui charme le goût. Les théologiens s'accordent à dire que Dieu n'a laissé dans son ouvrage que l'imperfection inséparable de la matière; vous êtes un petit dieu dans vos ouvrages, et qui voudrait en ôter quelques défauts en ôterait bien des grâces.

Serrez vos beaux enfants dans vos bras de ma part. Quand vous peindrez, quand vous lirez, quand vous écrirez, quand vous réfléchirez, pensez quelquefois que je ne serais pas de trop auprès de vous. Regrettez-moi de temps en temps si vous pouvez. Je suis comme les ombres des morts qui demandent des pleurs à ceux qu'ils ont connus; moi, je n'en demande qu'à vous, car il me semble que je ne connais pas autre chose. Adieu encore, écrivez-moi pour me remettre la tête.

Envoyez-moi tout ce que je vous ai demandé à l'adresse de M. le chevalier d'Antecour, à Abbeville.

XXXVIII

Ce 20.

C'est à présent plus que jamais, chère enfant, qu'il vous faut songer à aller à Voré, car je crois que votre pauvre amie a besoin de consolation. Il est sûr qu'elle ne vient point à Marly et qu'elle ne rentrera pas avant le 15 novembre. Je tiens ceci de M. de Ségur; mais voici ce que m'a dit la comtesse de Boufflers : « Madame d'Andlau a quitté M. de S... ou en est quittée; elle est accusée de se consoler avec M. de Cham.... Les mauvais procédés et les mauvais propos lui ont donné du chagrin, et soit contrainte secrète, soit projet formé librement, elle compte rester longtemps à la campagne. » Je n'ai fait qu'écouter sans répondre, et je me suis promis de vous instruire. Soit que votre amie ait tort ou raison, vous devez ne la point abandonner dans un moment aussi triste pour elle. Quant à moi, je crois bien plus aisément à ses chagrins qu'à ses consolations, et j'en suis bien sincèrement touché. Je compte lui écrire, non pas pour lui parler de tout cela, mais pour lui montrer qu'il y a encore des gens sur l'amitié et sur l'estime de qui elle peut compter. Je l'ai toujours aimée; mais depuis que je crois voir que c'est de toutes vos amies celle qui vous aime le mieux, elle m'est devenue encore plus chère. Le sentiment que vous inspirez est comme un ordre qui lie tous ceux qui en sont membres, et moi, je suis plus lié que personne en ma qualité de grand maître.

Que je suis touché de votre dernière lettre, ma Sabran !

Que je vous remercie de vous croire aimée! Et comment ne le seriez-vous pas, jolie enfant? Chaque jour m'en a donné une raison de plus. C'est à vous que je pensais en faisant des vers pour un portrait de madame de Mirepoix dans sa jeunesse, qu'elle vient de donner à madame de Rochefort :

Ces traits furent les miens, quand presque en votre enfance
A vous chérir toujours mon cœur s'est engagé.
En vous les rappelant, jugez de ma constance;
Mes traits ont disparu, mon cœur n'est point changé.
Que dis-je! Il change aussi, mais dans un sens contraire,
Car, au lieu de s'éteindre, il se sent animer.
Sur quelque nouveau charme à chaque heure il s'éclaire,
Et toujours votre amie apprend à mieux aimer.

Parlons de votre santé, ma chère enfant; il me semble qu'il ne vous est point prescrit de prendre vos drogues le soir, et les horribles rêves qu'elles vous procurent vous indiquent qu'il faudrait les prendre le matin. Si cela dure, cher amour, changez, ou du moins suspendez pour avoir un peu de relâche. Je me ressouviens d'avoir eu à la ville d'Eu une suite de mauvais rêves, et j'aimerais mieux des accès de fièvre; je craignais plus de m'endormir qu'ordinairement on ne le souhaite. Encore une fois, prenez vos drogues le matin ou ne les prenez pas.

Embrassez et remerciez bien de ma part vos bons enfants de la compagnie qu'ils vous tiennent. Il semble que ce soient deux petits envoyés du ciel qui viennent vous consoler sur la terre. Mais prenez garde, pendant qu'ils vous égayent, de les attrister, et ne les dégoûtez point de la vie au premier pas qu'ils y font.

Ma Sabran, vous vouliez me cacher tout ce qui vous

occupe et tout ce qui vous noircit l'imagination, comme si un autre était plus digne que moi de votre confiance, comme si un autre savait mieux adoucir et partager vos peines, enfin comme si un autre aimait mieux ou était mieux aimé. Je vous ferai une autre fois les reproches que vous méritez. En attendant, je vous embrasse et je serre votre cœur contre le mien; j'espère qu'on n'en verra jamais deux plus unis.

Je vais demain à Marly, mais sans ambition; il n'y a pas de place chez moi pour elle.

XXXIX

Roissy, ce mardi.

Je n'ai point eu un moment tranquille depuis ma dernière lettre, chère sœur. J'ai toujours craint d'avoir outrepassé le droit que vous m'avez donné depuis longtemps de vous dire des vérités dures, et de l'avoir poussé jusqu'à vous dire des duretés fausses. Mais si vous lisiez dans mon cœur, vous verriez à ces torts-là une source si pure qu'ils seraient aussitôt pardonnés qu'aperçus. Mes craintes, mes chagrins, mes reproches même sont les inconvénients nécessaires de tout ce que je sens pour vous. Songez, ma fille, que voilà près d'un mois que vous me faites passer volontairement loin de vous. Je me consolais secrètement par l'espérance de vous voir à Voré, et vous me l'ôtez. Encore, si c'était pour mener une vie heureuse! Mais vous êtes triste et souffrante, et le défaut de distraction a grande part à votre état.

Je comptais sur le changement d'air, de lieu, de société,

de train de vie; je comptais sur la distraction que vous aurait donnée une amie de votre âge, celle de toutes qui vous aime le mieux; je vous exagérais le besoin qu'elle a de vous à cause du besoin que vous avez d'elle. J'osais même croire que je vous serais bon à quelque chose, qu'à force de partager vos maux, si vous en souffrez, je les diminuerais, que je vous tirerais par mes soins, par mon occupation perpétuelle, de la langueur où vous êtes plongée depuis mon départ, enfin que mes vœux, mes désirs, ma tendresse vous soutiendraient. Je crois qu'on doit se sentir plus forte contre tous les maux de la vie quand on se sent aimée, et quand on voit auprès de soi quelqu'un qui voudrait très sincèrement souffrir et mourir à notre place.

Je n'ai point encore reçu de réponse de vous à cette maudite lettre. Peut-être en trouverai-je une à Paris où je retourne ce matin; mais quoi qu'il en soit, cher ange, pardonnez-moi un emportement que je n'aurais point eu avec toute autre que vous. Pensez que c'est pour vous que je me suis emporté et non pas contre, et souvenez-vous que c'est la première fois de ma vie que j'exerce votre douceur.

Je crois que ma mère part du 8 au 10. Je n'irais pas vous voir d'ici là quand j'en aurais la permission; mais aussi, après cela, venez ou laissez-moi venir, car la vie est trop ennuyeuse sans vous.

Je suis sorti de Marly avec mon innocence. Je ne puis pas m'en faire un grand mérite, car le jeu est devenu si fou qu'il n'est plus tentant.

Embrassez de ma part vos deux petits anges gardiens; je compte encore plus sur eux que sur le médecin suisse. Mandez-moi où vous en êtes de ce côté-là; j'ai bien de la peine à croire que la santé, la gaieté, le bonheur puissent être dans de petites bouteilles. C'est cependant là où vous les cherchez.

Adieu tout ce que j'aime ; il me semble vous serrer dans mes bras et vous embrasser beaucoup plus à ma fantaisie qu'à la vôtre.

XL

Ce 1er juillet.

Je suis arrivé pour dîner, mais ce n'a pas été sans peine et sans douleur. La plus grande de toutes était de vous laisser derrière moi, chère Sabran. Je suis toujours en vous quittant comme Adam chassé du paradis terrestre, qui commence à connaître tous les malheurs et tous les ennuis de sa condition. Hier, j'ai eu un coup de soleil, la migraine, la fièvre, des douleurs affreuses d'entrailles; tout cela a disparu ce matin, et je me porte assez bien pour souper ce soir chez une belle dame et pour manœuvrer demain matin.

Adieu, cher cœur; ma lettre est courte et sotte, mais il faut m'en savoir gré, parce que je profite pour vous écrire du premier bon moment que mon régiment et ma santé me laissent.

Je vous embrasse en idée ; c'est une triste manière, mais cependant c'est toujours quelque chose.

XLI

Ce 29.

J'ai dans ce moment-ci deux lettres de vous auxquelles

il faut que je réponde, charmante sœur. Toutes deux sont pleines d'une bonté et d'une amitié qui fera la consolation de ma vie si elle n'en fait pas tout à fait le bonheur. J'aime à être aimé de vous, il me semble que c'est par là que je tiens à la perfection; car je suis un peu comme les anciens, qui prêtaient des formes humaines à toutes les choses intellectuelles, et c'est sous la vôtre que j'adore la vertu.

Je vous reconnais bien à votre bonté pour mon secrétaire. C'est un honnête homme à qui de bien petits torts ont attiré de grands malheurs, mais à sa place je bénirais le destin qui l'a fait connaître de vous. Il me semble voir d'ici la douceur et la simplicité avec laquelle vous l'écoutiez, comme un égal, comme un ami, embarrassée de lui dire tout ce que vous pensiez, parlant bas, projetant beaucoup et promettant peu. Il faut convenir que mon âme a eu bien raison en se donnant tout entière à la vôtre. Vous joignez tout ce qui touche à tout ce qui plaît, et jamais je n'ai pensé quelque temps de suite à vous sans en même temps sourire et avoir les larmes aux yeux.

Parlons d'autre chose, ma jolie fille, car je vous ennuierais trop de ma tendresse et de mes éloges. Pourquoi diable la duchesse s'est-elle mis dans la tête que je lui ferais une chanson? J'ai perdu le talent comme on perd la voix. Je ne suis plus jeune que pour vous; mon esprit a besoin du vôtre pour se ranimer, comme les vieillards qui ne peuvent marcher qu'au soleil.

Vous avez montré de grands talents pour l'administration d'une écurie dans tous les arrangements que vous avez pris. Il m'aurait été impossible de vous faire arriver à temps mes ordres pour mon *pâle Bucéphale*, puisque votre première lettre du 17 m'est parvenue le 24. D'ailleurs, j'ignore l'époque de mon retour, et j'ai peur que nous ne soyons aussi loin de Paris que de Londres. Faites-vous informer avec quelque détail des grandes vues que la cour a sur les petits colonels; sachez s'il y en a à Paris par congé ou autrement, et s'ils y sont vus de bon œil. L'idée de Paris ne m'était pas venue, tant que vous avez été à Anisy; mais à présent mon imagination se promène toujours dans la rue Saint-Honoré, ou pour mieux dire elle s'y fixe jusqu'à ce que j'y aille aussi.

Mon secrétaire arrive en ce moment avec une troisième lettre de vous qui me transporte de reconnaissance. Ne vous lassez pas, ne vous dégoûtez pas de moi, mon amie, jurez-moi que jamais vous ne vous dédirez de ce que vous me dites de charmant. Ce mot *nécessaire*, dont vous vous servez pour votre vieil ami, ne sortira jamais de sa pensée. Tous les rois de la terre se réuniraient pour me combler d'honneurs et de biens, qu'ils ne me feraient jamais goûter une joie comparable à celle que ce mot-là m'a causée. Je crois même qu'un triomphe m'en ferait moins, car la gloire ne vous vaut pas.

Quel mérite j'ai eu à vous quitter, ma sœur! j'étais si bien à Anisy, je jouissais si bien d'une amitié que je voyais s'accroître de jour en jour. Il a fallu laisser tout cela, et vous allez à Paris où je n'irai peut-être pas de longtemps. Quand j'y serai, je vous verrai partagée entre tout ce qui vous aime, et j'aurai bien de la peine à trouver dans la journée un quart d'heure tout entier pour moi. Jurez-moi encore, chère enfant, que vous ne vous refroidirez jamais. Je crains madame d'Andlau et la comtesse Jules. On va vous dissiper et vous enlever à toutes vos occupations solitaires; c'est à ces occupations que je dois le peu d'intimité qu'il y a entre vous et moi. On me reproche d'aimer les anciens avec trop de passion ; c'est à Sénèque, à Stace, à Ovide, à Plutarque, que je dois mes plus heureux moments. Les gens qui vont vous entourer auront moins d'esprit et me feront plus de tort. Non, ma bonne sœur, je ne veux pas le croire, car cette pensée empoisonnerait ma vie.

Je vais vous écrire un mot à part pour la satisfaction de la grande-duchesse.

XLII

Vous vous vantez beaucoup du nombre de vos lettres, ma chère sœur, et vous croyez par là captiver toute ma reconnaissance; mais sachez que jamais je n'en ai reçu de si courtes et de si froides que depuis votre maudit retour à ce maudit Paris. Le papier a diminué, les lignes se sont écartées, l'écriture s'est allongée, les mots se sont éloignés, en sorte qu'à peine trois lettres en font-elles une comme dans l'auguste mystère.

Joignez à vos torts que vous ne me parlez que de mes affaires et point du tout des vôtres; ce sont pourtant les seules qui me touchent. Revenez à moi aussi entièrement que vous pourrez, ma bonne enfant, laissez votre bon cœur reprendre toute votre ancienne amitié. Si vous aimez à être aimée, à qui pouvez-vous mieux vous adresser qu'à moi, qui ne vis que pour vous et pour ainsi dire que de vous? Car vivre, c'est penser et sentir, et vous êtes mêlée à tout ce que je pense et à tout ce que je sens. Tous mes souvenirs du passé retournent à vous, tous mes désirs du moment présent ne s'adressent qu'à vous, tous mes projets dans l'avenir sont pleins de vous, et c'est là celui à qui vous vous dépêchez bien vite d'écrire comme pour en être quitte. *Jérusalem, Jérusalem,* revenez, non pas à votre Seigneur, mais à votre esclave.

Il faut pourtant que je vous remercie bien tendrement, ma jolie Sabran, de tous vos soins, de toutes vos peines, de toute la grâce que vous ne mettez jamais à ce que vous faites, mais qui s'y trouve toujours. Je vous bénis surtout de vouloir bien vous occuper de revoir ce pauvre malheureux que le ciel condamne à vivre loin de vous. Je n'ose plus espérer tant j'ai été trompé. A voir le train des choses, il semblerait qu'il faut renoncer pour jamais à la gloire et au bonheur. Il n'y a pourtant que l'une qui puisse faire oublier l'autre; mais l'une sans vous ne peut pas plaire, et l'autre sans vous ne peut pas être.

Voilà mes pastels et mes cadres arrivés dans ce moment; j'ai toujours de nouvelles grâces à vous rendre. Les cadres sont superbes et d'un bon marché que je ne conçois pas. Je crois, ma petite sœur, que vous me friponnez à l'envers. Vous n'êtes point assez riche et moi point assez gueux pour cela, mais vous êtes assez bonne pour avoir tout choisi, tout marchandé, tout emballé, tout recommandé. Vous avez mis l'adresse de cette main qui peint vos tableaux, qui écrit vos vers et que je baise avec transport, quelque barbouillée qu'elle puisse être.

Continuez toujours à m'écrire, jolie sœur, mais des lettres plus longues. Si vous saviez ce qu'une ligne de plus ajoute de prix à ce que vous m'écrivez, vous ne quitteriez jamais la plume.

Vous ne me parlez ni de la duchesse, ni de la comtesse Auguste, ni de ma cousine, ni de la société Jules. Si vous croyez que je ne pense qu'à vous, vous vous trompez, je pense à tout ce qui vous entoure; j'aime, j'envie et je crains tous vos amis.

Voilà deux lettres où j'oublie de vous prier d'envoyer ma jument chez ma sœur, jusqu'à ce qu'elle soit guérie. Je la souffrirais dans votre écurie, si elle pouvait vous payer votre avoine en gambades; mais elle vous est inutile ou à charge. J'ai fait le compte de tout ce que je vous coûte depuis que nous nous connaissons, c'est énorme. Vous entretiendriez au même prix le plus joli petit amant du monde. Pour moi, vos bienfaits me pèsent et ne me gagnent point; il me faut tout ou rien. Entendez-vous, belle-mère? Embrassez ma femme et mon beau-frère, et aimez-moi toujours comme votre fils. Adieu, ange.

XLIII

Boulogne, ce 25.

Je vous ai vue affectée de n'avoir pas de lettre de la comtesse Auguste, ma chère sœur; mais vous ne savez pas encore ce que c'est que manquer des vôtres. Je n'en ai point depuis mon départ d'Anisy, et je ne sais à quoi m'en prendre. Il serait trop injuste et surtout trop fâcheux de m'en prendre à vous. Je conviens que depuis mon départ j'ai mené une vie fort agitée, mais enfin d'autres me sont parvenues; pourquoi n'étaient-ce pas les vôtres?

Si celle-ci vous arrive, chère enfant, ne tardez pas un instant à me rassurer. J'en ai plus besoin que vous ne faites semblant de le croire. Si cela n'était pas, je ne passerais pas ma vie à vous le dire, à vous l'écrire, à essayer de vous le prouver.

Je suis à Boulogne-sur-Mer en attendant une nouvelle destination. J'y suis avec le régiment d'Anjou, commandé par le vicomte de Mailly, qui ne paraît pas plus considéré à l'armée qu'à la cour. Mais il a pour second un frère de l'évêque de Saint-Omer qui est mon ami de tous les temps, et comme il paraît que nos deux régiments seront de brigade ensemble toute la campagne, c'est une grande ressource pour moi. Je suis mal logé, mais je vois la pleine mer et même l'Angleterre de mes fenêtres. On assure qu'avec de bonnes lunettes on découvre un camp tendu en avant de Douvres, mais jusqu'à présent ma lunette et le temps qu'il a fait n'ont rien valu.

Je vais dans ce moment monter à cheval pour reconnaitre un port situé à trois lieues d'ici, qu'on appelle Ambleteuse. Plus je vois et plus j'entends tout ce qu'on fait et tout ce qu'on dit, et plus je reviens du préjugé où j'étais que je n'avais aucun talent pour la guerre. Mais à quoi cela pourra-t-il me servir loin des occasions? Si Raphaël avait eu toute sa vie des menottes, il n'aurait pas été peintre. Je lutte sans cesse contre certains mouvements d'indignation qui se lèvent en moi quand je vois MM. de Crenolle et de Bouzolle majors généraux, M. le chevalier de Coigny maréchal général des logis, et que par les dispositions baroques de ces messieurs les troupes vont et viennent, qu'elles font trente lieues pour arriver à dix, que cinq ou six bataillons se rencontrent dans le même village sans trouver ni pain, ni viande, ni logement, qu'on fait partir en même temps un régiment de Saint-Omer pour Boulogne et un autre de Boulogne pour Saint-Omer par un temps affreux qui fait tomber beaucoup de soldats malades. Les troupes seront décimées par l'ineptie de ceux qui les conduisent.

Je sens que l'humeur me domine; peut-être si vous m'aviez écrit, ferais-je plus de grâce à ces messieurs. Il n'y a rien de beau dans la nature par un mauvais temps, il n'y a rien qu'un rayon de soleil n'embellisse; cette pluie et ce beau temps, vous savez qui les fait chez moi.

Adieu, mon amie; si j'avais le cœur plus content, je vous enverrais des morceaux latins de Vanière (1) à traduire. Je m'étais bien trompé sur cet homme, sur la périlleuse parole de M. de Saint-Lambert qui le méprise et qui ne le vaut pas.

Adieu, mon enfant; raccommodez-moi avec le genre humain.

XLIV

J'avais pris une trop douce habitude de voir arriver de jour à autre de nouvelles lettres plus charmantes les unes que les autres, et je commence à murmurer d'une semaine de silence. Songez, mon cher ange, que mon destin ne sera jamais qu'entre vos mains, que c'est vous que le ciel en a chargé, puisqu'il a voulu que je vous aimasse aussi follement que je fais, et que vous n'êtes pas le ministre de sa rigueur. Pourquoi ne pas m'écrire toutes les fois que vous touchez une plume, ne fût-ce que pour m'envoyer

---

(1) Vanière était un Jésuite qui composa de petits poèmes latins assez heureux sur les étangs, sur la vigne, etc.

tous vos griffonnages, vos vers, vos traductions, vos réflexions, vos romans? Vous ne pouvez pas remettre tout cela dans des mains plus sûres, plus amies et plus sévères. Je vais vous en donner une preuve dans la critique de votre jolie chanson, qui, dans ce moment, me tombe sous la main. Vous avez dit :

Doux loisir, délices du sage,
Trop heureux qui peut t'obtenir!
Le vrai bonheur est ton partage,
Toi seul nous apprends à jouir.

Le vrai bonheur n'est point le *partage* du *doux loisir,* il est le partage du *sage*. *Vrai bonheur* et *trop heureux* ont trop de rapport pour être aussi près l'un de l'autre. Le *doux loisir* permet de jouir, mais ne l'*apprend pas*. Je mettrais :

Doux loisir, deviens mon partage,
Heureux qui sait bien te goûter!
Et que je plains l'âme peu sage
Que tu ne saurais contenter!

Voilà, ma Sabran, comme je sabre vos vers et même les miens, car j'ai été interrompu vingt fois depuis que j'ai commencé à les écrire. Il semble que mon régiment ne veuille pas me permettre de m'occuper de vous, mais une armée ne viendrait pas à bout de m'en empêcher.

A propos d'armée, M. de Bouzolle, adjoint à M. de Crenolle, major général, est ici, et m'a beaucoup parlé du camp auquel je commençais à ne plus croire. Il paraît qu'il y en aura un à Saint-Omer, et ce qui me le fait juger, c'est que nos tentes de soldats y sont et qu'on ne nous les envoie pas. De là nous irons en Angleterre ou chez nous. On parle de l'expédition avec une sorte d'assurance. Il y aurait trois points d'embarquement, Dunkerque, Calais et Boulogne; mais jusqu'à présent nous sommes courts de vaisseaux, et bientôt nous le serons de temps.

La garnison de Boulogne vient de faire la prise d'un vaisseau de cinquante mille écus. Il est encore indécis si la prise sera pour la troupe ou pour le Roi. Nous allons nous réunir pour plaider notre cause, qui me paraît très bonne, et je crois que je serai en partie chargé des mémoires. Mais j'ai bien peur de n'être pas meilleur avocat que M. de Catinat, sans espoir d'être aussi grand général.

Écrivez-moi, aimez-moi, pensez à moi souvent, regrettez-moi quelquefois, non pas comme je vous regrette, je ne suis pas assez personnel pour le souhaiter, mais regrettez-moi assez pour être bien aise de me revoir et pour désirer s'il se peut que rien ne nous sépare. Je n'écris pas ces mots-là sans émotion.

Adieu, ma chère sœur; embrassez ces enfants que j'aime presque comme vous les aimez.

XLV

Boulogne, ce 29 juillet.

Ma chère Sabran, vous êtes un monstre d'ingratitude et de mauvaise foi, car vous avez l'air de douter de ce que vous ne savez que trop. Il semble à vous lire que ce soit vous qui écriviez le plus et que je vous traite avec une liberté choquante; mais je vous passe tout, excepté le silence. Je vous avais quittée le 10 et je vous ai écrit le 12, et puis le 16, et puis, etc. Si vous datiez vos lettres, je saurais quand tout cela vous est arrivé ; mais vous aimez, comme tous les gens suspects, à vous envelopper dans l'obscurité des temps.

Vos vers sont simples et jolis comme vous, pleins de cette douceur, de cette grâce qui me va si bien au cœur et qui me porte presque aux larmes. Il est bien singulier que moi, qui n'ai point du tout la réputation du pieux Énée, je n'aie jamais rien lu de vous sans émotion. Il y a dans le fond de mon cœur et même dans mon esprit une corde montée à l'unisson de tout ce que vous pensez, et qui frémit toutes les fois que je vous entends, que je vous lis ou que je vous vois, car vous voir, c'est encore vous entendre et vous lire.

Que je suis au-dessous de vous, chère enfant, mais en même temps que je répare bien cet intervalle-là en le reconnaissant et en vous payant de tout l'hommage que je vous dois! Recevez-le une fois pour toutes et croyez-y jusqu'à mon dernier soupir. C'est la dernière fois que je vous en parle, parce que je sais bien que cela vous embarrasse de loin comme de près.

Je n'ai point d'Horace à Boulogne, mais autant qu'il m'en souvienne, votre strophe *Peu de chose suffit*, etc., n'est point dans l'ode *Otium divos*. Vos traductions seraient-elles, comme vos portraits sont quelquefois, des figures de fantaisie? Au reste, ces vers-là sont charmants, qu'ils soient d'Horace, de Chaulieu ou de l'auteur que je leur préfère.

Comme j'abandonne souvent la douceur et l'harmonie pour la facture et la précision, il y a des choses dans votre strophe que je gâterais pour les corriger. J'ai toujours peur d'être avec vous pour vos ouvrages comme un ignorant qui voudrait aligner et symétriser un joli jardin anglais. Je crois que le meilleur parti à prendre, c'est de laisser aller votre esprit comme un ruisseau bien pur, qui n'a point de cours réglé, mais qui embellit, qui vivifie, qui fertilise tous les lieux où il passe. Si on voulait lui creuser un lit, on troublerait son eau, on se priverait de son murmure et on lui ôterait presque tout son attrait.

Je vous en dirais bien plus long, chère et sublime sœur, mais j'ai bien peu de moments aujourd'hui. Ne m'imposez pas silence si vous voyez mes lettres se multiplier; je n'exige pas que vous répondiez à toutes, mais je demande au ciel qu'aucune ne soit reçue sans quelque plaisir.

Je viens de voir madame de Gontaut à six lieues d'ici, logée avec son mari dans un mauvais village. Elle m'a fait plaisir et pitié; elle est jolie comme la fleur dans le désert, mais dites-moi ce qu'elle fait là.

Adieu, ma bien-aimée; il ne sera question, à ce qu'on croit, ni de Londres ni de Gibraltar.

XLVI

Boulogne, ce 3 août.

Il ne fallait pas moins que vos six charmantes pages, ma bonne sœur, pour me sortir de l'anéantissement où je suis. Voici quatre ou cinq jours de suite que je me couche tard et que je me lève à cinq heures du matin, parce que d'un côté je fais les honneurs de la ville à madame de Gontaut et à M. de Ségur, et que de l'autre, je ne veux point interrompre l'instruction de mon régiment. Aujourd'hui je succombe sous le poids réuni de la politesse et du devoir.

Mais comment n'être pas ranimé par les douces paroles qui sont répandues dans votre lettre? Je suis comme ces guerriers blessés des poèmes épiques, sur qui un esprit ou un dieu vient verser un baume salutaire. Non seulement à cette heure je crois que vous m'aimez véritablement, mais il me semble que je le sens, et c'est, de toutes les sensations que j'aie jamais éprouvées, la plus délicieuse. Ne vous lassez pas, ma bonne amie, et surtout ne m'éloignez de votre charmante chaumière que quand je m'y ennuierai; obtenez du ciel de prolonger jusqu'à cette époque votre vie, la mienne et celle de tout ce qui vous intéresse.

Je serais bien aise d'avoir pu vous rendre une partie de l'effet que ce charmant chemin de Lille à Saint-Omer a fait sur mon imagination. Cela m'a fait connaître qu'il y a d'autres plaisirs que ceux que j'ai uniquement recherchés jusqu'à l'âge de trente ans. Cette observation, qui paraît tardive à quarante ans, beaucoup d'hommes sont morts de vieillesse sans l'avoir pu faire. Car il faut que je vous l'avoue, ma jolie sœur, nous sommes tous de grands libertins. Je ne connais que deux remèdes à cette maladie-là, c'est la retraite et l'amour. Mais pour que la retraite corrige, il faut qu'elle soit volontaire, agréable par mille occupations toujours faciles et toujours renaissantes, que mille soins, mille calculs, mille espérances viennent prendre la place de ce qui régnait dans notre imagination, et que notre cœur s'épure pour ainsi dire avec l'air que nous respirons.

L'amour heureux ou malheureux, pourvu qu'il soit véritable, est encore un bon antidote contre le libertinage, en rassemblant toutes nos affections, en les tournant vers les perfections réelles ou supposées de l'objet qu'on aime, en nous persuadant que le plaisir et le bonheur ne sont point partout où nous les cherchions auparavant, et il produit au fond du cœur une grande révolution. Ne le haïssez pas, cet amour, ma bonne fille, et jugez par celui des hommes qui aime le mieux que plus on aime, et meilleur on devient.

Toutes vos nouvelles sont de vieilles menteuses; nous n'en croyons aucune dans ce pays-ci depuis qu'on voit toujours le lendemain donner des démentis à la veille. Le temps se passe, et comme me disait M. de Chabot en me parlant du pas de Calais, je vois ce fossé-là s'élargir tous les jours. Nos préparatifs me paraissent exorbitants au Havre et insuffisants ici. Il faudrait se battre sur mer et qu'on battît les Anglais, mais on dirait que les Français n'ont guère plus d'envie de se battre que les Anglais n'en ont d'être battus ; cela pourra beaucoup retarder l'embarquement pour cette année. Ce n'est plus Saint-Malo, c'est le Havre qu'on dit bloqué. On parle même de petits brûlots et de petites galiotes à bombes ; j'ai peine à croire que cela soit sérieux, car on marquerait plus d'inquiétude.

Mon cheval et mon palefrenier partent demain pour Anisy avec une instruction détaillée, pour que monseigneur votre neveu puisse devenir aussi bon cavalier que bon pasteur. Pour moi, je ne me suis pas senti assez de talent pour accorder les deux, et j'ai renoncé au bercail pour l'écurie.

Adieu, charmante mère d'une Laïs et d'un Socrate précoces; embrassez tout cela de ma part et trouvez bon qu'ils vous le rendent pour moi. Remerciez ma Delphine de ses bontés et profitez, s'il se peut, de ses leçons.

L'imagination donne des plaisirs, l'esprit des succès, et

le bon sens prévient les chagrins et les revers. Il faut un peu des trois pour le bonheur, mais pas trop d'aucun, parce que ce qui donne du plaisir peut donner du chagrin, ce qui procure des succès peut occasionner des revers, et qui a trop peur des inconvénients ne jouit pas assez des avantages.

XLVII

Ce 3 au soir.

Je viens de mettre madame de Gontaut dans le chemin d'Étaples où elle est en garnison, et j'ai trouvé en rentrant ma lettre de ce matin qu'on n'avait point mise à la poste. Je l'ai relue et j'ai pensé la déchirer de honte. Mais je me suis reproché sur-le-champ un reste de vanité dont vous devriez m'avoir corrigé par la supériorité qu'il faut bien que je vous reconnaisse, et par la confiance que j'aime à sentir pour vous; cette confiance est comme un gage de votre amitié que je porte au fond de mon cœur.

Il me semble en effet que vous m'avez mis en droit de ne point rechercher mon style avec vous, et s'il est vrai que vous aimiez mes lettres, il vaut mieux pour moi qu'elles soient négligées que soignées, parce que c'est moi que vous aimez dans une lettre négligée, au lieu que ce serait mon travail que vous aimeriez dans une lettre soignée. L'homme est bien plus à découvert dans les fautes qu'il fait que dans celles qu'il corrige, et j'ai l'ambition de vous plaire avec mes défauts.

Je ne sais plus quand je vous reverrai, ma Sabran; j'ai bien peur que la mauvaise comédie que nous jouons ici ne dure jusqu'à l'hiver, car à entendre M. de Chabot et le chevalier de Coigny, on essayera de passer, fût-ce en octobre ou en novembre. Du moins on en fera le semblant, pour obliger les Anglais à de grandes et longues dépenses sur terre et sur mer, qu'on les croit hors d'état de supporter. Il est sûr qu'en les tenant en respect par des menaces continuelles de descente, on est maître des opérations en Amérique.

Mais quand nous serions en état d'attaquer les Anglais, serions-nous en état de nous défendre contre trois grands ennemis, décembre, janvier et février, avec lesquels nous ne nous sommes jamais mesurés? Pour moi, je suis prêt à tout; votre lettre de ce matin me rend invincible. Elle me remplit l'âme de cette force qui soutint Télémaque dans les déserts d'Éthiopie, quand une voix lui dit qu'il était cher aux dieux. Je sens augmenter à la fois le désir de vous revoir et le courage d'en attendre l'instant; n'est-ce pas ainsi que vous voulez être aimée?

Envoyez-moi donc le reste de ma marche. Si le charme de ce qui vient de vous se fait sentir à mon régiment comme à son colonel, nous n'aurons jamais un soldat fatigué tant qu'on la jouera.

MM. de Ségur et de Gontaut ont monté la petite jument que j'envoie. Ils ont trouvé qu'elle était assez sage, même pour une femme; mais j'exige votre parole que vous ne la monterez pas que je n'y sois. Il ne faut pas être effrayé des cicatrices dont elle est couverte, même sur les genoux; elle a été horriblement maltraitée dans son enfance. J'ai commencé à la consoler, et j'espère que la vie douce et tranquille d'Anisy achèvera de la remettre. Vous verrez bientôt qu'elle mérite tout l'intérêt que j'y prends, qu'elle s'embellit par tous ses mouvements, qu'elle est aimable comme une petite demoiselle, qu'elle est légère sans caprices, et douce sans mollesse.

Adieu, ma divine sœur; je sens que depuis longtemps je dois vous ennuyer, car voici la huitième page, et je doute que votre patience aille jusqu'au bout. Cependant j'ai encore bien des choses à vous dire, entre autres sur votre latin; mais je crains d'y perdre le mien. Vous ne vous attachez point assez à la construction des phrases et à la connaissance particulière de chaque mot. Vous pénétrez le sens d'un auteur comme par inspiration, et vous arrivez à son but sans savoir où il a passé, ce qui prouve que vous êtes bien plutôt maître qu'écolier. Cependant, si vous n'étudiez pas mieux les détails, vous n'aurez jamais que des notions vagues des résultats, et vous devinerez au lieu de connaître.

Je repense à votre question sur le bonheur; elle exigerait des volumes, et surtout elle entraînerait un examen du bonheur idéal et du réel, de celui que nous sommes forcés par la nature à désirer et que la nature est forcée à nous refuser. Il faudrait encore peser ce qu'il peut entrer de plaisir et ce qu'il doit entrer de sacrifice dans la somme de bonheur auquel la raison nous permet de prétendre.

Adieu, ma sœur angélique.

XLVIII

Ce 17.

Je n'ose pas encore croire aux bruits qui se répandent que nous allons sortir de captivité, et que votre malheureux frère va revoir sa charmante sœur. L'espérance, quand elle est trompée, devient un poison de baume qu'elle était. La nouvelle nous vient de M. de Mailly qui prétend l'avoir eue sous le secret et qui en conséquence l'a répandue. Mais j'ai bien peur qu'il n'affecte de savoir ce que les autres ignorent pour se dédommager d'ignorer ce que les autres savent.

Tous vos cadres seront remplis de mes chefs-d'œuvre. On vient de plusieurs lieues à la ronde implorer mon talent, et mes modèles ne savent que faire pour me payer. Moi, je me prêterais à tout, moins romanesque que vous, qui nous peindriez tous gratis. Mon chef-d'œuvre actuel est une petite demoiselle qui montre les plus jolies dents du monde. Si vous la voyiez, vous ne toucheriez plus de pastels de votre vie. Vous n'en croyez rien, et vous avez raison. Je n'ai pas fait un tableau sans vous invoquer comme l'ange de l'école, sans envier votre douceur, votre coloris, vos grands effets, et j'étais honteux de n'avoir que ma touche à mettre en balance avec toutes vos grandes parties.

Il faut convenir que je vous aime bien follement et bien continûment, ma sœur Sabran. Vous êtes comme la divinité qui préside à tout ce que je fais depuis le matin jusqu'au soir. Si je peins, si je lis, si j'écris, si je me promène, si je m'ennuie, c'est toujours en pensant à vous. Dans mes bons moments je pense que je vous reverrai, et dans mes mauvais je pense que je ne vous vois pas. Les devoirs, les affaires et peut-être même les plaisirs qui pourraient m'attendre à Paris me déplaisent d'avance. Je voudrais mettre pied à terre chez vous et n'en plus sortir; mais ni le ciel ni vous n'êtes assez bons pour cela. N'en parlons pas si je le puis, ma bonne sœur; cette idée-là est trop charmante et trop cruelle à la fois. Au moins aimez-moi toujours, ma Sabran, et faites que je ne me plaigne jamais que de mon sort et point de vous.

Voilà bien des postes de suite sans lettre. Cependant je ne puis encore que m'affliger et pas me plaindre, mais je crains et je hais Paris. Quand vous y êtes sans moi, il me semble toujours voir un ami ou une amie entre vous et moi, et quand vous ne m'écrivez pas, je m'en prends à huit ou dix personnes.

J'ai bien besoin de vous, chère et divine enfant, pour reprendre le fil de mes faibles études. Il me semble que mon jugement et mon imagination, si j'en ai, sont à vos gages, et que vous seule avez le droit et le pouvoir de me faire travailler. Ce qui me fait de la peine, c'est qu'au lieu de devenir plus vieux, il semble que je devienne à chaque instant plus jeune. Quoique dans l'âge de régenter, j'ai plus que jamais besoin d'un régent. Celui que j'ai choisi n'a rien d'effrayant, et il ne donne des leçons qu'avec l'air d'en demander.

A propos, vous ne m'envoyez plus de questions à traiter ni de vers à faire. Si M. de Mailly pouvait une fois en sa vie avoir dit quelque chose qui eût le sens commun, nous nous verrions, ma sœur et moi, d'ici à huit jours, et nous reprendrions toutes nos occupations. Mais je crains le ciel qui est devenu l'ennemi de la terre, au moins à en juger par le temps qu'il fait.

Embrassez ma femme et mon beau-frère de ma part. Je me fais une fête presque paternelle de revoir cette charmante société qui fait votre gloire, vos délices et peut-être mon malheur. En vérité je les aime trop pour ne leur être jamais rien.

Adieu, sœur de mon âme; adieu, la meilleure moitié de

moi-même. Je vous embrasse mille fois plus tendrement que tout autre ne le ferait quand vous le permettriez.

XLIX

Je comptais sur des volumes, et tout se borne à une petite lettre en quinze jours; j'ai bien peur, ma sœur, de me tromper de même sur tout le reste. Je veux pourtant toujours y croire malgré votre silence; je sais qu'on peut aimer sans écrire, et je pense à milady Heven, qui attend une réponse depuis deux ans sans laisser pour cela d'être bien aimée de son amie. Ne forcez plus mon esprit à se mettre à la torture pour me rassurer, et prenez-en la peine vous-même, chère sœur. Qu'avez-vous de mieux à faire que le bonheur de votre frère?

Si j'étais sûr que la paresse vous rendît heureuse, je vous réveillerais moins; je la connais mieux que personne, cette paresse; je sais que rien ne donne de plus grands torts et de moindres jouissances. Elle ne délivre pas des remords, elle fait manquer à tout sans dédommager de rien. C'est l'opium de l'âme; elle lui procure un sommeil pénible et de tristes rêves. Encore une fois réveillez-vous, ma Sabran, et quittez tout pour m'écrire.

Je suis ici depuis hier; j'y suis venu voir le vicomte de Gand, qui est dans un état bien inquiétant. Il souffrait horriblement des nerfs et surtout de l'estomac; on a imaginé de le saigner, il a pensé en mourir. Que cela vous serve de leçon! Je ne pense pourtant pas que vos maux de nerfs partent du même principe que ceux du vicomte; on croit que sa maladie vient d'une indigestion de plaisir.

Son changement et sa faiblesse me feraient peut-être trembler, si j'étais encore dans la carrière où il s'est perdu ; mais pour courir les mêmes risques que lui, il faut plaire.

M. de Gand arrange d'une manière charmante les dehors de son vieux château, après en avoir très bien approprié les dedans. Je ne peux pas voir un seigneur dans sa terre sans jalousie ; il me semble que je serais si heureux dans la mienne ou dans la vôtre, plus heureux pourtant dans la vôtre parce que je vous y verrais davantage. La vie n'aurait plus pour moi que le défaut d'être trop courte, au lieu que je lui trouve souvent celui d'être trop longue.

J'ai été ce matin à quatre ou cinq lieues d'ici, sur le champ de bataille de Fontenoi, ayant à côté de moi un perruquier qui sait l'affaire par cœur pour l'avoir vue, et qui rend compte des moindres détails d'une manière fort satisfaisante. Il résulte pour moi de tout ce qu'il m'a dit qu'il entre neuf dixièmes de hasard dans la composition de la gloire, car tout ce qui s'est fait de décisif ce jour-là s'est fait sans ordre, et rien n'est émané d'une disposition générale. L'un construisait des redoutes, l'autre plaçait des batteries, un troisième ébranlait des escadrons sans l'ordre du maréchal de Saxe ; mais la bataille a été gagnée, et la fortune a voulu qu'il fût un grand homme. Ces réflexions finissent toujours par m'attrister, parce que d'un côté je vois combien la fortune est nécessaire, et de l'autre je sais combien peu elle me favorise.

Il n'est pas dit que je ne vous verrai pas dans quinze jours, ma bonne sœur ; mais il me faut au moins deux lettres auparavant, car je ne travaillerai pas toujours à me persuader que vous m'aimez quoique vous ne le disiez pas. Vous savez que l'inquiétude et la défiance sont toujours bien près de moi. Si je commence à douter, je me croirai bientôt sûr de mon malheur, et alors je vous fuirai avec autant de soin que je vous ai toujours cherchée. Mais ces idées m'affligent, et peut-être qu'il y a déjà à Dunkerque une lettre qui me fera rougir de mes craintes.

Adieu.

L

Ce 16.

Je suis arrivé hier à bon port, après avoir fait vingt-cinq lieues sur le même cheval. J'ai rencontré à sept lieues de Dunkerque M. de Robeq qui m'a traité avec la plus grande honnêteté. Tout le reste va ou ira bien.

Mais je ne vous vois plus et je ne vous verrai pas de longtemps. Je ne saurais m'arrêter à l'idée de votre voyage où par bonté extrême vous dépendriez des folies et des caprices des autres. Il me semble voir un pauvre petit agneau au milieu d'une meute de chiens de chasse, qui n'a ni la force de les suivre ni celle de les quitter. Enfin je vous reverrai; en y pensant je m'attendris d'avance et je sens que j'aurai peine à retenir mes larmes.

Adieu, ma sœur; je ne vous écris qu'un petit mot, mais c'est assez pour que vous sachiez que je vis, et par conséquent que je vous aime.

LI

Ce 13.

Je suis dans la désolation, ma chère enfant; mon

pauvre major vient de perdre sa mère, et j'ai été chargé de lui en annoncer la nouvelle. Elle est morte après trente-deux jours de petite vérole. J'avais bien raison de dire que cette maladie-là devient de jour en jour plus cruelle, et que jamais l'inoculation n'a été aussi nécessaire. Mon lieutenant-colonel apprend aussi ce matin la mort de sa cousine germaine, qu'il aimait par-dessus tout, et c'est encore de la petite vérole. Tout cela m'a rempli l'esprit d'idées noires et de réflexions tristes; il est impossible dans tous les malheurs des autres de se défendre d'un retour vers ce qu'on aime le mieux, ou pour mieux dire vers le seul objet qu'on aime. S'il ne fallait sacrifier que dix années de ma vie pour que vous et les vôtres fussiez à l'abri de ce fléau-là, vous n'auriez déjà rien à craindre.

Faites bien vos réflexions, chère sœur, sur vous et sur vos enfants, et ne vous livrez pas avec la chaleur de votre esprit à vos préjugés contre l'inoculation. Songez que la plupart des contes qu'on vous a faits sont démontrés faux et les autres douteux, et que dans les pays où l'inoculation est parfaitement établie, comme en Angleterre, la petite vérole est à peine au nombre des fléaux de l'humanité.

Je sens bien que je vous ennuie, mais j'avais une tristesse intérieure que je ne pouvais ni renfermer ni confier à d'autres qu'à vous; et quand vous n'en seriez pas la cause, vous me la pardonneriez encore. Ce n'est pas précisément du regret que j'ai de vous avoir quittée, c'est du trouble; il me semble que je viens de faire un rêve charmant, que je voudrais rappeler à chaque instant et faire durer autant que ma vie.

On commence à parler de notre armée future avec plus de considération. Il passe des munitions de toute espèce du côté de Dunkerque; je souhaite que ce ne soit pas pour rien. J'ai reçu hier au matin l'ordre de faire partir à l'instant même mon second bataillon pour Gravelines; cela s'est fait, mais point sans embarras. Il y a une volonté dans mon régiment qui m'a touché jusqu'aux larmes. Tous les soldats qui restent sont au désespoir. Il est venu ce matin des ouvriers qui gagnent ici trente sols par jour, au delà de leur solde, me conjurer de les faire partir. Il est venu des recrues me proposer de porter double charge jusqu'aux cantonnements pour me prouver qu'elles avaient la force de servir, et qui me disaient en pleurant qu'elles n'avaient appris l'exercice et la manœuvre aussi vite que dans l'espérance d'aller à la guerre.

Le bataillon que j'ai mis hier en marche est parti avec un ordre merveilleux, et dès qu'il a été hors des portes il a marché avec une gaieté et une légèreté inconcevables, vu la chaleur du jour et la charge de chaque homme. Il faut convenir que si le Roi veut tirer parti de cette nation-ci, il le peut, car les officiers ont dans leur genre le même fanatisme que les soldats. Moi-même qui parle et qui écris sur la philosophie, je ne suis pas plus froid que les autres.

Adieu, mon amie, souvenez-vous de celui qui vous aime tant. Embrassez vos deux anges de ma part, et dites à ma nièce Delphine que c'est avec bien du regret que j'ai résisté à ses charmantes instances. J'ai cru voir dans ce peu de jours heureux que j'ai passés près de vous, que l'amitié, l'encouragement et l'éloge réussiraient mieux pour l'éducation de Delphine que la sévérité. Souvenez-vous-en pour vous rassurer sur vos scrupules. Adieu.

LII

Ce 17.

Votre lettre me consterne, ma chère amie; ce n'est qu'à votre santé que je veux imputer l'humeur que vous me marquez et la manière dont vous renoncez au projet de nous voir. Vous devez avoir reçu une nouvelle lettre de moi, dans laquelle je vous parle d'Avesnes; il vous détourne un peu de la route directe, mais pour vous en faire prendre une meilleure et plus sûre. J'irai toujours le 25; si vous n'êtes pas la plus injuste et la plus méchante des femmes, vous ne me refuserez pas un petit détour de deux lieues pour nous voir deux jours, et vous ne voudrez pas garder le remords et le regret de m'avoir rendu le plus malheureux des hommes. Je ne vous réponds pas de moi si je ne vous vois pas.

Adieu, ma chère enfant; je n'aurais jamais pu croire que vous me donneriez tant de chagrin de propos délibéré, mais je conserve toujours quelque espérance, parce que je vous connais trop bien pour vous supposer de la noirceur. Vous feriez ce que je vous demande pour rendre service à un inconnu, et il est question de tout mon bonheur.

Adieu encore une fois; ou je vous verrai dans huit jours, ou vous apprendrez de mauvaises nouvelles de moi.

Conservez-vous, soignez-vous, dissipez-vous; ne vous occupez de vos maux que pour les guérir et non pour vous en affliger, et croyez que vous êtes plus aimée que tout ce qui l'a jamais été.

Quelques nouvelles que je reçoive de vous, d'ici au 25, je suivrai toujours ma résolution.

LIII

Point encore de lettre de vous, chère enfant, et voici la troisième que je vous écris, au milieu des embarras d'un retour et de l'occupation que ma mère me donne. Avez-vous renouvelé le projet de m'oublier, et préférez-vous la tristesse volontaire où vous vous plongez à tout ce qu'il y a de plus doux au monde? Si votre ennui ne vous fait rien, songez au moins à mon chagrin et croyez que chaque minute d'abattement pour vous en est une de tourment pour moi.

Madame d'Andlau ne va point à Marly, à ce que m'ont dit la duchesse de Brancas et la comtesse Louise. Madame de Meung va partir dans peu pour Voré; venez-y, chère sœur. Sortez de votre assoupissement et vivez, car vous vous êtes réduite à la végétation. Mais d'ici à ce que votre parti soit pris, écrivez-moi et ne me cachez aucune de ces folies dont vous êtes tourmentée. C'est à moi qu'il faut tout dire, car je sais ce que vous souhaitiez le plus cacher. Si la raison vous est bonne à quelque chose, j'en trouverai pour vous, quoique je n'en aie pas toujours pour moi. S'il faut vous combattre, je me sens le courage d'un lion; s'il faut vous céder, je me sens la douceur d'un agneau; s'il ne faut que vous plaindre, j'aurai la tendresse d'une mère et d'une amie; et tout cela sera sincère, car je vous aime de tous les amours et de toutes les amitiés.

Adieu, ma Sabran, je vous embrasse aussi tendrement que jamais; adieu.

LIV

Ce lundi 9.

Je suis arrivé ici hier, au milieu des tempêtes, chère sœur, mais elles ne m'ont pas fait d'autre mal que de me faire craindre vos inquiétudes ordinaires et extraordinaires. J'ai vu dans ce moment-là comme dans bien d'autres que mes beaux jours sont auprès de vous. Il faudra, ou que vous me les rameniez bientôt, ou que j'aille les rechercher. Je ne fais que me sécher ici, et je vais cet après-dîner à Paris, où je ne trouverai pas ma mère. Il faudra encore aller demain au Val, d'où peut-être elle sera partie pour quelque autre endroit. Je fais le second tome de Télémaque, mais je me passe de Mentor et je n'oublie pas Eucharis.

Adieu, chère et bonne et charmante enfant. Répétez-moi toute ma vie ce que vous venez de m'apprendre, non pas que je puisse jamais l'oublier, mais je pourrais bientôt cesser d'y croire.

LV

Au Val, près Saint-Germain, ce 17.

Votre lettre m'est arrivée bien à propos pour me rassurer, chère Sabran, car votre tristesse et votre silence plus triste encore m'auraient inquiété au delà de ce que je vous l'ai dit. J'ai bien plus besoin de votre bonheur que du mien ; je suis la partie grossière de moi-même, et vous êtes la délicate.

Continuez vos remèdes, puisqu'ils ont un si bon effet. Prenez votre élixir sur la terrasse pour vous en diminuer le dégoût ; il n'y aurait même aucun mal à vous promener au soleil pendant un quart d'heure tout de suite après l'avoir pris. Je voudrais que vous écrivissiez, en forme de consultation, tous les changements que vous remarquez en vous depuis votre retour. Il faudrait parler de l'air humide que vous respirez, il faudrait exposer les petites irrégularités qui peuvent s'introduire dans votre traitement et dans votre régime, rédiger cela avec quelqu'un d'entendu pour l'envoyer au docteur qui vous répondrait et vous rassurerait sur tous les points. Il faut ou donner ou refuser entièrement sa confiance aux médecins ; ce qu'on retranche du leur et ce qu'on ajoute du sien est toujours pernicieux.

J'ai peur que mon occupation continuelle de votre santé ne me rende ennuyeux et même inquiétant ; je me consolerais bien vite si je vous étais utile. Ne vous serait-il pas possible de venir voir votre docteur le printemps prochain ? Je serais alors en Lorraine et je vous verrais quelque temps en Suisse. J'espère que ce voyage-là vous amuserait un peu plus que le premier. Vous auriez mes chevaux à vos ordres ; ils seraient comme ceux d'Hippolyte et se conformeraient à ma douce pensée. Nous y verrions la nature dans toute sa beauté et dans toute son horreur, et nous ne la verrions pas avec des yeux de courtisan. Comme vous n'auriez point de compagnie, personne ne saurait rien de cette partie. Votre santé serait une raison trop plausible pour qu'on pût blâmer votre voyage, et le peu d'attention qu'on fait à un gueux comme moi vous mettrait à votre aise.

J'aime à me persuader que cela n'est pas impossible, ma Sabran. J'aurais soin d'être dans mes abbayes quand vous passeriez à Nancy, et de là je traverserais la Lorraine allemande et l'Alsace pour aller vous rencontrer dans le pays de la liberté. Alors nous commencerions notre voyage, et il n'aurait d'autre inconvénient que de ne pas durer toute la vie. Je me plaindrais comme Alexandre de n'avoir pas un autre monde à parcourir. Il disait conquérir, mais moi, je suis plus heureux que lui; j'ai conquis ce qu'il me fallait. Je ne désire que mériter et conserver.

Baisez Delphine et son frère et son âne de ma part. Si vous n'êtes pas contente de vos chevaux, écrivez à ma jument; il ne lui faut qu'un mot de votre main pour la faire accourir à vous.

LVI

Ce 11.

L'abbé de Bonneval m'a parlé hier de la lettre que vous lui avez écrite, chère enfant; elle me consterne. D'où vous vient cette tristesse subite et profonde, et ce découragement affreux dont vous ne m'avez donné aucun signe pendant que j'étais auprès de vous? Encore une fois vous n'êtes point malade, vous souffrez parce que tout ce qui vit souffre du plus au moins. Les remèdes que vous faites sont plus de précaution que de besoin; j'étais contraire à l'entreprise, mais je suis content de l'effet. Si pourtant ils vous déplaisent au point où vous le dites, il est encore temps de les abandonner.

D'où vient donc votre abattement? J'ai osé un instant me flatter que le départ de celui qui ne vit que pour vous en était un peu cause. Si cela était, il vous conjurerait de lui prouver votre tendresse par votre courage et par des soins constants pour votre conservation et votre bonheur. Mais si cela était, vous plairiez-vous à prolonger votre séjour dans un lieu où il n'ose plus vous aller chercher? Pourquoi passer l'hiver loin de moi? Laissez-moi croire un moment ce que j'ai entendu de votre bouche. Si vous avez dit vrai, je vous suis nécessaire; pourquoi voulez-vous me fuir, ma Sabran? Oubliez-moi si vous le voulez pour un moment, mais songez du moins à vos enfants pour qui la campagne est triste et malsaine, quand une fois les beaux jours sont finis. Ils ont besoin de plaisirs et d'instruction ; doivent-ils être les victimes du caprice et de la mélancolie de leur mère? Si vous résistez à tout ce que je vous dis, vous n'aimez ni eux ni moi, et ce qui est plus injuste que tout, vous ne vous aimez pas vous-même.

Pourquoi ne m'avez-vous point encore écrit? Quand vous êtes en proie à vos idées noires, je dois être votre seul confident. Je suis jaloux de vous voir écrire autre chose que des compliments et des nouvelles à d'autres que moi. Écrivez-moi, ma chère fille, envoyez-moi des volumes, ne relisez jamais ce que vous aurez écrit, ne songez à aucune des règles de l'art d'écrire, ne craignez ni de vous répéter ni de manquer de suite, soyez tantôt triste, tantôt gaie, tantôt philosophe, tantôt folle, suivant que vos nerfs, vos remèdes, votre raison, votre caractère, votre humeur vous domineront. Vous n'avez pas besoin de me plaire, il faut m'aimer et me le prouver encore plus que me le dire ; il faut, pour notre bien commun, que vos idées passent continuellement en moi et les miennes en vous, comme de l'eau qui s'épure et qui s'éclaircit quand on la transvase souvent.

J'ai revu ma mère qui a un succès d'autant plus mérité qu'elle l'avait moins attendu. Je suis aussi très content de ma sœur ; tout le monde m'a très bien traité. On a trouvé tout simple que je me fusse arrêté trois jours auprès de vous. Tout ce qui vous nomme parle de vous avec intérêt, mais celui qui y pense le plus est celui qui vous nomme le moins. Mille compliments, remerciements, respects et surtout amitiés à l'évêque.

LVII

Ce 28.

Je vous avais écrit une lettre énorme de Raismes avec la propre plume de la blanche comtesse Auguste, et comme mes réflexions n'étaient point encore achevées, je l'avais emportée avec moi pour la finir ici. La maudite lettre n'est-elle pas tombée pendant que je sautais un fossé, et n'a-telle pas été comme noyée dans la boue !

Je suis enchanté de Raismes ; j'y ai été reçu comme votre frère. On avait cent choses à me dire, j'en avais mille à répondre ; c'était toujours de vous qu'il était question. C'est un grand plaisir de part et d'autre d'avoir à se parler de ce qu'on aime le mieux et de dire et d'entendre tout ce qu'on pense. La comtesse m'a confié que vous lui aviez dit qu'elle n'était pas celle de vos amies que vous aimiez le mieux. Je l'ai bien assurée que vous ne l'aviez dit que pour tâcher de le croire, et pour moins vous reprocher le tort qu'elle fait aux autres. Il serait bien difficile de suivre en amitié l'ordre du tableau, et l'on perdrait ses peines à vouloir mieux aimer ce qui plairait moins.

Elle m'a montré (car la confiance est tout établie) quelques vers de vous, tous plus jolis, tous plus doux les uns que les autres. Mais pourquoi est-ce elle qui me les a montrés? Vos vers sont comme vos enfants, délicats, aimables, pleins de grâce et de physionomie; ils n'ont pas toujours assez de traits, mais cela vaut mieux que s'ils en avaient de trop marqués qui annonceraient moins que vous êtes leur mère. Je remarque, et c'est à vous que je le dois, que dans presque toutes les productions de l'esprit, le sentiment qui en fait le charme et le travail qui y donne la perfection sont bien difficiles à accorder, car le sentiment se passe volontiers du travail, et le travail refroidit presque toujours le sentiment. Vous tenez le bon bout, et vous ferez bien de n'écouter qu'à moitié mes avis sur la facture de vos vers. Je m'aperçois que je ne vous ai pas toujours rendu justice, et vous m'avez donné des leçons plus intéressantes que toutes celles que vous pouviez recevoir de moi. Il est bien doux de trouver un aussi bon maître dans un aussi joli disciple.

Que je vous remercie, chère enfant, de l'intérêt touchant que vous voulez bien prendre à moi! Je me deviens dans ce moment-ci plus cher à moi-même, car vous savez que votre amitié a toujours entraîné la mienne. Ne vous découragez pas, bonne sœur, ne vous ennuyez pas de mes inquiétudes et de mes craintes; j'ai tant de besoin et si peu de moyen de conserver ce trésor de votre amitié que je tremble toujours qu'il ne m'échappe.

Je serais bien malheureux si, après avoir manqué de

servir sous M. de Veau, j'étais condamné à servir sous M. de Chabot qui ne peut pas me souffrir et à qui je le rends bien. Il a quelque talent et beaucoup de connaissances, mais le vase n'est point pur. C'est un homme sans principes, n'aimant que les dupes ou les coquins. Il est cause par les notes qu'il m'a données que je n'ai pas eu, il y a dix ans, un régiment de hussards de mon nom, parce que j'avais négligé de l'intéresser à la chose. D'ailleurs, il a toujours espéré commander les troupes légères, et sans doute il m'a fait l'honneur de ne pas me trouver une morale assez conforme à la sienne.

Adieu, ange; le papier et l'heure me manquent, mais ils me laissent la place et le temps d'embrasser bien tendrement mon amie.

LVIII

Ce 8.

Enfin je vous reverrai, ma jolie enfant, et s'il me reste des craintes pour l'avenir, au moins je n'en aurai plus pour le présent. Pardonnez-moi mes inquiétudes, mes soupçons, mes injures, mes importunités, ma tristesse; tout cela est votre ouvrage. Ce sont les suites d'une tête que vous avez tournée pour ne la retourner jamais. Il y a d'ailleurs un remède sûr à tous ces maux-là, c'est votre présence et votre bonté.

Comment n'avez-vous pas vu dans la lettre dont vous vous plaignez encore que mon seul objet était de vous donner une secousse que je croyais nécessaire à votre état? Je faisais comme la mère qui verrait son enfant dormant à la vapeur du charbon et qui le battrait pour le réveiller. Croyez-vous que je pense un mot de tout ce que je vous ai écrit? C'est bien moi qu'il faut accuser d'avoir mauvaise opinion de vous, moi qui passe ma vie à vous adorer, qui admire sans cesse en vous mille choses que vous croyez toutes simples! Encore une fois j'ai voulu vous étonner, vous frapper et vous réveiller.

Je suis très piqué du peu de foi que vous ajoutez à ma sagesse. Si cela dure, j'y renoncerai, parce que mon seul but était votre estime. Comme je ne puis pas y parvenir, je vais encore une fois m'en tenir au germe de toutes les vertus et à la pratique de tous les vices.

Adieu, joli amour, revenez comme un trait et n'ayez pas honte de me compter pour quelque chose dans ce qui vous attire. J'ai vu hier madame d'Andlau, gaie, contente et qui vous attend avec impatience.

Adieu. Baisez toutes vos productions de ma part, depuis vos enfants jusqu'à vos tableaux.

LIX

Je suis arrivé à bon port, ma chère Éléonore, mais mon voyage a été bien triste. Je ne connais rien de pis que de tourner le dos à ce qu'on aime; il semble que chaque pas vous éloigne du bonheur. Indépendamment de cela, je n'ai pas dormi une minute dans les deux nuits que je me suis trouvé en route. La première a été employée à souffrir une rage de dents, et la seconde, une colique d'estomac. Mais à présent tout va bien, à l'essentiel près.

Écrivez-moi, ma jolie sœur, consolez-moi si vous pouvez de ne pas vous voir et surtout de ne pas savoir quand je vous verrai. Ne perdez pas l'habitude que vous commenciez à prendre de me voir toujours à vos côtés. Trouvez qu'il vous manque quelque chose quand je n'y suis pas; vous devez bien cela à celui à qui tout manque loin de vous.

Je ne vous écris qu'un mot à cause de la quantité de lettres que j'ai trouvées hier en arrivant, mais je m'en dédommagerai bientôt et peut-être plus que vous ne voudrez. Souvenez-vous de moi auprès de la belle duchesse et de ses camarades de voyage, et surtout auprès de mon camarade de séminaire. Mon voyage à Anisy est le plus charmant épisode que j'aie pu faire au milieu du plus triste des romans, c'est celui de notre campagne.

Adieu, ma sœur.

LX

Ce 14 avril 1781.

Voici la première fois que j'ai peur de vous, chère enfant. C'est en tremblant que je vous écris après la lettre que vous avez reçue de moi. Il ne m'en reste pas un mot dans la mémoire; je me souviens seulement du trouble affreux où j'étais en vous écrivant, et je me connais assez pour craindre toutes les extravagances du monde. N'y voyez, chère fille, que la cause et non l'effet. Vous m'êtes nécessaire comme l'air que je respire, et je suffoque dès que vous me manquez. Aussi pourquoi trois grandes semaines de paresse sous les plus frivoles prétextes du monde, à cause, dites-vous, que vous saviez que j'allais faire un voyage de quatre jours? Je n'y veux pas penser plus longtemps, car je sens que j'aurais de la peine à être plus raisonnable que la dernière fois. J'ai avec vous les défauts de la vieillesse et de la jeunesse, l'inquiétude et la colère; pardonnez-les-moi pour le passé, le présent et l'avenir, car je ne me corrigerai qu'à la mort.

Et pourquoi me défendez-vous de te tutoyer? De peur, dis-tu, cher amour, que mes lettres ne ressemblent à d'autres. J'aime bien mieux ne jamais écrire d'autres lettres pour n'être point gêné dans celles que je t'écris. Ce *vous* me glace; il me semble que rien de ce que tu m'inspires ne s'accorde avec lui. C'est comme s'il fallait toujours te faire la révérence au lieu de t'embrasser. Retire ta défense, chère Sabran; si tu me rends poli, tu me rendras faux et froid, et surtout gauche. L'amour est un enfant mal élevé.

Embrasse Tronchin de ma part; il ne sait pas que ses remèdes me font plus de bien qu'à toi. Parle-moi des projets d'inoculation; ce que tu m'en as mandé n'est pas clair. Voici des temps admirables pour cela; si une fois je te vois à l'abri de ce danger-là, je me croirai immortel.

Tes petits vers sont très jolis, très doux, très bien faits, mais ils ressemblent un peu trop à la soupe de ma mère, qui n'est jamais assez salée. J'en excepte pourtant les derniers, qui commencent à devenir une épigramme contre moi; mais je profiterai de la leçon, excepté avec celle qui me la donne.

Tu as bien raison, cher cœur, je n'ai point assez passé de temps à mon abbaye. Mais comment aurais-tu fait à ma place, à moins de déclarer une brouillerie ouverte qui eût été contraire à mes intérêts? Il fallait demeurer chez mes moines, et j'aurais eu mauvaise grâce à y rester longtemps pour examiner à mon aise de chez eux tous leurs torts. Je me suis contenté d'un coup d'œil général, et j'ai laissé mon homme d'affaires pour faire des remarques plus particulières. Il doit revenir aujourd'hui ou demain, et nous prendrons ensemble des mesures. Au reste, en 83, j'aurai cinq mille livres de rente de plus, ce qui, joint à beaucoup de dettes de moins, me mettra dans une grande opulence. Mais j'aurais cent mille livres de rente que je haïrais toujours un état qui m'empêche d'être plus que ton amant.

Viens dîner ce matin à la Malgrange avec ma mère et moi, jolie enfant. Il fait un temps charmant; tu verras une maison fort propre, un joli jardin et un arbre gros comme le bois de Boulogne, qui porte trois ou quatre millions de bouquets sur sa tête.

Parle de moi à ma Delphine et à ton Elzéar.

LXI

Ce 27 au soir 1783.

Ma chère enfant, je suis resté plongé dans une tristesse inexprimable, à laquelle le rhume de cerveau, le rhume de poitrine et la colique d'estomac sont venus se joindre. En toute autre occasion que celle-ci et en tout autre lieu que Valenciennes je retarderais mon départ, mais je redoute trop ton injustice pour penser à ma santé. Ainsi je suivrai mon plan de voyage, autant que mes maux me le permettront, et si je ne puis pas demain aller jusqu'à

Bruxelles, je m'arrêterai à dix ou douze lieues d'ici et j'y arriverai après-demain de grand matin.

Mais tu m'as laissé la mort dans le cœur. Je ne vois point d'espoir de bonheur dans l'avenir; toutes mes illusions me quittent comme on voit tomber les feuilles dans les tristes frimas d'automne où chaque jour annonce un plus fâcheux lendemain. Le courage me manque entièrement; j'éprouve un chagrin également au-dessus de mes forces et au-dessus de mon âge, car à quarante-cinq ans l'amour devrait presque avoir perdu son nom et se fondre dans une douce et paisible amitié. Que nous sommes loin de cela!

Je ne veux point te faire de reproches, mais mon cœur est navré. Ces peines-là sont trop cuisantes pour lui. Tu as eu avec moi l'injustice d'un enfant de quinze ans. Tu n'as rien vu de ce qui était, tu n'as rien entendu de ce que je t'ai dit, et je demeure dans la crainte de voir toujours renaître ces horribles moments-là, parce qu'il n'y a pas moyen d'empêcher ce qui est sans objet. Quoi qu'il en soit, chère enfant, tu m'es encore plus nécessaire que le repos et le bonheur dont tu me prives. Aussi je te pardonne mes chagrins passés, présents et futurs, et même je te demande pardon de te les montrer.

Adieu, ma fille; si je ne suis point malade sérieusement, je te verrai le 5 à Anisy. J'espère dans tes enfants : le plaisir de les voir aura dissipé une partie de l'humeur sombre qui te dominait; l'amour ou du moins ta bonté fera le reste, et comme dit le ministre de Wakefield dans le fond de son cachot : Nous verrons peut-être encore des jours heureux.

LXII

Charleroi, ce 30.

Je t'annonce avec grand plaisir, chère et méchante enfant, que je commence à être un peu plus sain de corps et d'esprit. J'ai fait de sages réflexions qui m'ont dit que j'étais un fol, que tu étais une folle, mais que je t'aime et que tu m'aimes, et qu'ainsi il en résultera toujours pour l'un et pour l'autre plus de bien que de mal. N'en parlons plus; tu aurais dû m'embrasser autant que tu m'as querellé, et moi, j'aurais dû rire autant que je me suis affligé; mais le passé ne reviendra plus, et le chagrin restera avec lui.

Jamais Vénus n'a imposé à Psyché de tâche aussi pénible que celle du voyage de Bruxelles (1), et je n'avais ni les fourmis, ni l'aigle, ni la tour parlante, ni l'amour à mes ordres. Mes chevaux sont éreintés, mon cabriolet brisé, mon argent semé sur les chemins; voilà de compte fait huit louis que j'ai dépensés pour n'avoir point vu l'archiduchesse. Tu peux juger par là de tout ce qu'il m'en coûte quand je ne puis pas t'obéir.

Grâce à Dieu, je suis hors de ce triste Bruxelles. Je viens de voyager avec une lenteur et un ennui dont on n'a pas d'idée, las de mes chevaux, mes chevaux las de moi, sur un pavé rompu entouré de bourbiers, au risque d'être moulu sur des tas de pierres ou d'être noyé dans des tas

(1) Le chevalier avait entrepris ce voyage de Bruxelles sur le désir de la comtesse de Sabran.

de boue. Enfin me voici à Charleroi, où j'ai retrouvé M. Jacquot avec mes fidèles coursiers de Spa, bien frais, bien gaillards et disposés à me porter demain à Marienbourg (1) aussi vite qu'un aigle y porterait une tortue. Ma grande joie, c'est de n'avoir plus de chaussée; celle d'aujourd'hui m'en a dégoûté pour la vie, et dorénavant je les éviterai comme les autres les cherchent. Le vrai mérite brille dans les traverses et dédaigne les routes frayées.

Je viens de faire un excellent petit souper apprêté par deux grandes demoiselles en Polonaises. La cuisine était aussi recherchée que les cuisinières. D'abord paraissaient deux grives, grasses comme tu ne le seras jamais et nonchalamment couchées sur une tranche de brioche qui leur servait de rôtie. Arrivait ensuite une saucisse repliée sur elle-même comme le serpent Python et entourée de tranches de pommes de rainette. Des choux rouges couronnaient l'œuvre, décorés d'une petite branche de laurier, emblème ingénieux qui indique qu'on ne moissonne les lauriers qu'en allant à travers les choux. Je m'attendais toujours qu'une de ces beautés en Polonaises viendrait me faire les honneurs de ma table, mais je leur en ai plus imposé que je n'aurais voulu, et elles se sont bornées modestement à la société de mes gens.

A propos de choux rouges, ne voilà-t-il pas qu'ils me donnent encore la colique d'estomac! Il est vrai que j'en ai mangé de verts à dîner; cela fait que je ne sais entre les deux à qui m'en prendre, mais je vais essayer un remède pour mon rhume, qui, à ce que j'espère, voudra bien en passant guérir aussi ma colique : c'est de l'eau-de-vie

(1) Marienbourg est dans la province de Namur, en Belgique.

brûlée avec du sucre. Je t'en rendrai compte demain matin, car pour ce soir je n'ai rien de mieux à faire que de me coucher, bien content de m'être débarrassé du fardeau qui accablait mon âme, et me souciant fort peu de tout ce qui peut arriver à mon corps d'ici au 5. Alors, s'il n'est pas guéri de tous ses maux, je suis au moins sûr qu'il les oubliera. Adieu, mon enfant; fais comme moi, écarte tous les nuages qui t'offusqueront, et sois sûre que plus tu verras clair, et plus tu seras contente de moi.

Je reprends la plume pour te prier d'embrasser tes deux amours de ma part. Je me maudirais moi-même si je pensais que j'ai pu diminuer quelque chose de ta joie de les voir par la tristesse que je t'ai donnée ou, pour mieux dire, que tu as prise. Mais je ne veux pas m'arrêter là-dessus, cela nous mènerait trop loin. Contente-toi d'être sûre que tous les torts sont de ton côté et toutes les perfections du mien.

Ce 31 au matin.

Je viens de faire un coup bien rare qui m'est arrivé autrefois à la chasse où, en manquant une caille, je tuai un lièvre. Cette fois-ci le remède destiné à mon rhume n'a guéri que ma colique. Mais c'est toujours beaucoup, d'autant plus que mon rhume lui-même est fort adouci.

Adieu, amour; je persiste dans ma bonne humeur et dans ma bonne volonté. Je te pardonne toutes tes vexations, et je ne veux plus t'offenser jamais, ni par mes gaietés, ni par mes chagrins.

LXIII

Ce dimanche 8.

Ce que j'aime le mieux de ta lettre, mon enfant, c'est le compte qu'elle me rend de tes projets, d'après lesquels je vais faire les miens. Je t'ai parlé dans ma dernière lettre de t'aller voir le 15, mais je juge à la quantité de manœuvres qu'on nous fait faire que cela sera impossible. Il faut remettre mon départ au 20 et mon arrivée au 21 ou 22. Ce sera pour ne te plus quitter, prends-y bien garde ; si tu ne m'aimes plus, cela t'ennuiera, jusqu'à ce que je m'en aperçoive. Il est vrai qu'après cela je ne t'ennuierai plus de ma vie. Mon voyage dépend aussi des lettres que je recevrai de toi d'ici là : des lettres froides m'arrêteraient comme la gelée arrête les bateaux. Mon esprit a besoin d'être rassuré ; tout ce que tu me dis à ce sujet-là est bien joli, mais n'est point convaincant. Ce n'est pas même sans quelque peine que j'ai vu que tu ne me parles point de te venir voir dans les six semaines que tu vas encore passer aux eaux, mais j'ai pensé après qu'il serait trop provincial à moi de me choquer de cette petite impolitesse-là, et tu vois bien que je me regarde comme prié.

Nous n'avons pas un moment de libre aujourd'hui, à cause d'une kermesse qui nous oblige à une grande procession, à une grande comédie, à un grand bal, à trois grands repas; par bonheur que cela ne s'étend pas plus loin, car cela serait au delà de l'humanité, et l'on finirait par beaucoup rabattre de nos plaisirs à force d'en augmenter les objets.

Ce lundi 9.

Je reviens d'une petite manœuvre qui n'a duré que six heures trois quarts, à toujours marcher et souvent courir dans les terres labourées, et je remonte tout à l'heure à cheval pour courir à Bel-OEil, à six lieues d'ici, faire ma cour à l'archiduchesse et aux deux princesses de Ligne. Je reviens demain, et quoique je te dise de ne m'attendre que le 22, je verrai s'il n'y a pas moyen d'obtenir pour le 15 ou le 16 une permission de cinq ou six jours; je te laisse à deviner l'usage que j'en veux faire.

Ta lettre à la comtesse Auguste a fait l'effet que tu feras toujours quand tu voudras expier tes crimes. La bonne enfant en est charmée; il me semble qu'elle m'aime mieux depuis ce moment-là. Je l'avais poussée dernièrement à t'écrire une lettre à cheval, en lui disant qu'il fallait te réveiller à coups de bâton; elle m'a dit que mes ordres étaient exécutés dans la rigueur du terme. Tu vois que si tu es souvent maudite, au moins tu n'es jamais oubliée, et il fait toujours bon habiter dans le souvenir de ses amis, quelque mal qu'on y soit logé.

Remarques-tu, ma fille, que je suis bien plus à mon aise le lundi que le dimanche? Tu n'en devinerais pas la raison; c'est qu'on a joué hier l'*Amant jaloux*. Je m'y suis quelquefois reconnu, et au moins il m'a corrigé pour quelques heures d'être amant inquiet. D'ailleurs, j'ai quelque espoir de te voir bientôt, et c'est comme un rayon de soleil qui embellit la fin d'une vilaine journée. Va, mon enfant, je t'aime comme un fol, si ce n'est pas comme un sot.

Adieu, bonne fille.

LXIV

A tantôt, à demain, à jamais, cher cœur. Je te promets bien que ton mari ne te manquera pas, et qu'il te donnera le moins de sujets qu'il pourra de faire de si jolis vers à l'honneur de la jalousie. C'est un monstre, mais tu le pares avec tant de goût que tu finiras par me le faire trouver charmant. Ne crois pas que je réponde à tes vers par des vers; je les crois assez payés par de la prose, parce qu'elle me coûte au moins autant que les vers peuvent te coûter. Ceux-là ne t'ont pas coûté ce qu'ils valent. Ils sont dignes de La Fontaine ou de madame Deshoulières. Je te crois leur fille, et je m'applaudis de m'être aussi bien allié.

Adieu, mon enfant; je serai à toi le plus tôt et le plus longtemps possible.

Ce fut peu après cette dernière lettre que le gouvernement du Sénégal devint vacant. Boufflers le sollicita pour les motifs que nous avons indiqués, et le Roi agréa sa demande. Sa mission fut abrégée par l'intervention de la comtesse de Sabran.

Revenu en France à la veille des plus graves événements, Boufflers émigra quand la Révolution se fit sanglante, et rejoignit madame de Sabran. Pendant un certain temps il demeura à Reinsberg, chez le prince Henri de Prusse. Les tristes nouvelles qui arrivaient de France, l'exil, la ruine ne suspendaient pas entièrement le badinage léger. Voici de quel ton le chevalier écrivait à son hôte princier :

LXV

Ce 1er septembre.

Monseigneur,

Les poèmes ni les romans n'offrent rien de comparable à l'indéchiffrable tissu des événements incompréhensibles que Votre Altesse Royale apprendra de la bouche même de celle qui en fut l'héroïne ; mais je me crois obligé de vous en présenter d'avance une légère esquisse, pour que le tableau vivant qu'elle en fera ne vous cause pas une trop forte révolution.

Le jour marqué pour la dernière expédition contre les cerises de Merkatz (1) était enfin arrivé, et nous sommes partis pour accomplir l'ordre des destinées. On eût cru voir, sinon la déesse Thétis, au moins une dame Pélée avec son jeune fils. Moi qui les escortais, j'avais bien par mon habitude du cheval quelque rapport avec le centaure Chiron. A peine arrivés, nous nous mettons à l'œuvre ; on

---

(1) Merkatz était un petit domaine abandonné par le prince Henri à madame de Sabran.

s'élance sur la race proscrite, on l'arrache de ses asiles, et bientôt une urne immense, semblable à celle où Minos fait tirer la loterie des morts, ou plutôt à celle qu'Annibal avait remplie d'anneaux de chevaliers, nous atteste comme à lui le nombre de nos victimes.

Mais c'était peu de leur captivité, notre fière conquérante exerce sur ses prisonniers des cruautés dont peu de guerres offrent l'exemple; se souiller de leur sang, leur arracher le cœur, que dis-je! leur couper la queue, voilà les fureurs auxquelles je l'ai vue se livrer et que je rougis encore d'avoir secondées. Ensuite, après avoir trempé à plusieurs reprises nos mains dégouttantes de carnage dans les pacifiques eaux de Merkatz, nous prenons un repas plus simple, plus frugal et plus héroïque par conséquent que tous les repas des héros d'Homère. Sans nous donner le temps de nous rassasier, nous voulons achever le grand sacrifice, à l'imitation des bons prêtres qui, après avoir versé le sang, faisaient cuire les viandes des agneaux, des chevaux, des bœufs, des messieurs et des dames qu'ils venaient d'immoler.

C'est peu, nous dit Sabran, d'avoir fait en ce lieu
Une vaste capilotade,
Il faut tout mettre en marmelade.
Ainsi quittons le fer et servons-nous du feu,
Pour que dès aujourd'hui cette déconfiture
Par nos bouillants efforts se change en confiture.

Elle dit : aussitôt on apporte le bois, on agite les soufflets, on allume les fourneaux, on suspend les chaudières, et déjà l'onde commence à frémir contre les parois du vase qui la contient, lorsque la déesse, qui mêle toujours quelques douceurs à ses plus grandes cruautés, ordonne d'apporter du sucre. Elle le fait plonger dans l'eau bouillante et préside à la cuisson dont elle seule connaît le juste degré.

Cependant le jour baissait, et mon courage, sans doute refroidi par les ans, commençait à s'effrayer en pensant aux embarras et même aux dangers d'une marche de nuit. J'ose donc élever l'avis prudent de songer à la retraite et de remettre au lendemain ce qu'on ne pouvait pas terminer dans le jour. Je ne vous rendrai point la réponse auguste dont je fus atterré, car il faudrait pour cela emboucher la trompette héroïque, et je crains qu'un aussi grand instrument ne me fasse mal à la poitrine. Il fallut donc céder, il fallut attendre que le sucre fût clarifié, qu'il fût parvenu au degré d'adhérence convenable, et que les cerises eussent cuit dans leur sirop le temps prescrit par le grimoire de la magicienne. Quelquefois je proposais de laisser une domestique fidèle achever l'ouvrage, et mon conseil était toujours repoussé avec la même indignation.

Qui n'a point achevé, disait-on, n'a rien fait.
Retenez bien cet axiome,
Soit qu'il soit question de soumettre un royaume
Ou bien de rôtir un poulet.
Mais que dira le Prince?... Il me rendra justice;
Le Prince aime qu'on tienne à ce qu'on entreprend,
Il ne s'arrête point lorsqu'il faut qu'il agisse.
Imitons en petit ce qu'il nous montre en grand.

Pendant ces entretiens la confiture, goûtée à plus de cinquante reprises, paraît enfin être à son point. Il faut la retirer, la laisser refroidir et remplir avec précaution les trente petits pots où elle doit être renfermée..... Enfin nous sommes au terme de nos travaux, mais point à celui de nos embarras. Il faisait nuit depuis deux heures, et le ciel, au lieu d'être d'un bleu de Prusse, était du plus beau noir d'Allemagne. Nos coursiers arrivés depuis plus de quatre heures, ennuyés d'une longue attente, éblouis d'une petite lumière, et pressés par l'amour de l'avoine et de l'écurie, ne se laissèrent pas monter facilement et paraissaient disposés à devancer nos désirs. Pour éviter les emportements, je marchais à pied, à côté de la haquenée de la belle confiturière, comme le premier ministre d'Assuérus à côté du cheval de Mardochée.

Tout à coup mon cheval qui suivait en main s'échappe ; le palefrenier le poursuit. Voilà l'exemple qui opère et toute notre cavalerie en convulsion. Isabelle même (c'est le nom de la haquenée) fait trois ou quatre bonds; la cavalière se tient ferme comme un roc, mais après le danger passé elle en craint de plus grands et veut descendre. Or, comme ce qu'elle veut est sans doute écrit au ciel en caractères étoilés, mes objections sont vaines. Elle descend, et après avoir traversé des sables, où elle craignait le sort de Cambyse, elle arrive à Reinsberg, où un bon souper et surtout le bon billet de Monseigneur lui font oublier toutes les fatigues de cette mémorable journée.

Cependant le roi de Prusse, Frédéric-Guillaume, avait accordé à Boufflers de vastes terrains en Pologne. Il épousa la comtesse de Sabran et partit pour le domaine de Wimislow, où il voulait établir une colonie agricole d'émigrés français. Pour arriver à un résultat favorable, on avait besoin d'ordre, d'économie et d'un patient labeur. Ce n'étaient guère les qualités de Boufflers, qui possédait surtout de la bonté et de la bonne humeur dans l'adversité. Une mauvaise servante lui fut dénoncée comme une voleuse; Boufflers la garda malgré cela, en disant : « Il faut bien que je la garde, car qui la prendrait? » Il tomba une fois tant de sable dans un puits qu'il ne pouvait plus désaltérer personne, et il survint presque en même temps un accident à un four qui empêchait d'y pouvoir cuire : « Au moins, dit-il, on ne nous mettra point au pain et à l'eau! »

Pendant les séparations qu'amenaient les voyages, il écrivait à la comtesse de Sabran, devenue marquise de Boufflers, des lettres dans lesquelles il lui exposait ses privations, ses embarras, les difficultés contre lesquelles il luttait. Il lui recommandait aussi de leur rendre favorable le prince Henri, dont la bienveillance s'était lassée, et qui leur montrait une grande froideur.

LXVI

Je suis arrivé à neuf heures, allègre et dispos, mais embarrassé de choisir entre dormir et manger. Il est vrai que pour m'éviter la peine d'opter je ne trouve ni souper ni lit. Allons toujours, disait un bonhomme à qui on allait couper la tête à son bourreau, un peu embarrassé de faire cette petite opération pour la première fois, allons toujours, nous ferons comme nous pourrons. Je dis aussi : Tout cela finira par bien souper, bien dormir et regretter de souper sans celle que je veux désormais avoir toujours à ma table. Adieu.

LXVII

Ta lettre se sent visiblement de tous les chiffons de bal, de noce, de fête, de comédies, etc., au milieu desquels elle a été écrite, et d'après le fameux adage : Dis-moi qui tu hantes, je te dirai qui tu es, elle n'est elle-même qu'un chiffon. Cependant ce titre de mari que tu me donnes, cet aveu de tes défauts que tu me fais, cette assurance que tu m'aimes, ce besoin que tu te sens de Wimislow et par conséquent de moi, tout cela me touche jusqu'au fond de l'âme et donne à ton petit chiffon un prix que M. de La Borde, et M. de Beaujon, et M. Le Couteux, et tous les heureux du siècle, n'auraient jamais pu donner à toutes leurs lettres de change. D'ailleurs, cette jolie comparaison du petit oiseau déplumé qui sur sa petite branche incertaine recommence à chanter au premier rayon de soleil, et ferme son pauvre petit bec et le cache dans sa petite poitrine demi-nue à l'approche de l'orage, cette charmante miniature de tes malheurs, de tes chagrins, de tes espérances et de tes craintes, me reste dans la pensée, et te rend encore plus chère à mon cœur.

Je compte aller lundi à Berlin pour te mener les deux chevaux qu'il faut mettre au bout de tes deux crocodiles empaillés afin que tu puisses revenir ici avant le départ du Prince. On le croyait fixé au 6, mais je présume qu'il pourra bien être retardé, parce que le Prince, d'ailleurs assez bien portant, se plaint que ses forces sont lentes à revenir. Il continue à me traiter avec bonté, et du cercle polaire nous sommes revenus presque à la zone tempérée. Adieu, bonne petite femme.

LXVIII

Tu as sûrement entendu parler de la révolte de Breslau, occasionnée par les violences d'un officier contre un vieillard qui n'avait point dénoncé deux déserteurs. Cet officier fait prendre cet homme et le reconduit de la distance d'une lieue jusqu'à la ville, ne cessant de le frapper, tantôt du plat, tantôt du tranchant de son épée. Le peuple indigné veut prendre le parti du vieillard, la querelle s'engage. Un général arrive à cheval ; on l'entoure et on le jette à bas. On vient avertir notre bon ministre prêt à se mettre à table ; il fait sur-le-champ atteler et court à l'endroit de l'émeute.

Le peuple entoure sa voiture, demandant à cor et à cri qu'on lui livre l'officier pour le déchirer. Il leur dit : « Vous êtes des fous. L'officier est arrêté, c'est à la loi et non à vous à le juger et à le punir. S'il est coupable, retirez-vous, de peur de vous rendre aussi coupables que celui que vous accusez. » Ils se sont retirés en lui donnant mille bénédictions.

Je suis ici dans le plus joli ou, pour mieux dire, dans un des plus beaux lieux du monde. L'Oder coule au bas de la cour et des jardins, et de ma chambre je puis voir passer cinq ou six gros bateaux par heure. Il y a un parc rempli de bâtiments presque tous utiles et en même temps agréables. Les points de vue sont parfaitement ménagés, les sites sont aussi variés qu'on peut le désirer dans une plaine. C'est un mélange assez bien entendu de l'ancien genre et du nouveau, qui fait qu'après s'être promené sous de belles allées françaises on peut ensuite s'égarer dans des sinuosités anglaises. Cela prouve une chose déjà bien prouvée que les voies des Français sont droites, et celles des Anglais tortueuses.

Je ne t'ai pas encore parlé de ce dont tu me parles si joliment, pauvre petite chère épouse. Après toi, qui oserait toucher cette corde-là? Ce serait chanter après un rossignol ou jouer de la lyre après le dieu qui la portait. Mais si la voix me manque, je n'en ai pas moins un cœur qui entend le tien et qui lui répond.

LXIX

Je viens de faire encore une sottise, ma pauvre enfant, je me suis emporté hier contre ce maudit Meissel; je l'ai traité de coquin à plusieurs reprises, et le voilà qui va me faire un procès à Petrikau. J'espère à la vérité que la chose ne sera pas de grande conséquence, d'autant plus que j'en écris au ministre qui sait mieux que personne combien j'ai à me plaindre de ce drôle-là et qui fera sûrement prendre à l'affaire une tournure moins grave que notre homme ne voudrait la donner. Je crains d'être obligé bientôt de renoncer à tout et de nous renfermer dans quelque petite retraite obscure où je serai moins malheureux qu'entouré de compatriotes ingrats et d'étrangers malveillants. Quoi qu'il en soit, attendons notre sort avec résignation et tâchons que ma sottise d'hier soit la dernière.

Saint-Paterne m'a écrit, il arrive au printemps. Il est toujours le même; tout ce qu'il me dit est, comme à son ordinaire, plein de raison et de charme. Il est ce qu'Horace dit quelque part d'Aristippe : toutes les fortunes lui siéent, et son esprit ressemble à ces beaux visages à qui l'impression de la tristesse semble ajouter une nouvelle beauté.

Je n'ai point eu de lettre hier; j'attribue ce déficit-là au voyage de Reinsberg. Puisse-t-il être heureux! puisses-tu retrouver ce charmant homme qui n'avait que faire ni de sa gloire, ni de son rang, ni même de sa bonté pour être adoré de nous, et qui le sera toujours de moi, quoi qu'on ait fait pour rompre tous les liens qui m'attachent à lui!

Parle-lui franchement, il n'y a plus rien à ménager. Défends ton mari, non pas parce que tu es sa femme, mais parce que tu as toujours été sa plus intime confidente; si tu me rends une fois l'amitié du Prince, je t'en saurai plus de gré que si tu m'avais apporté l'univers en dot.

Je viens d'établir un atelier de menuiserie où notre bon François travaillera avec le père et même Bassompierre, à qui rien ne répugne de tout ce qui peut le rendre aimable et utile. Quel dommage qu'un aussi excellent jeune homme ait rencontré dès son matin une fortune aussi contraire! Au reste, à voir le triomphe constant des méchants depuis cinquante ou soixante siècles, je crois qu'il aurait toujours été trop bon pour jouir en plein de tous ses autres avantages.

Je commence à travailler assez sérieusement à la lecture que je compte faire cet été à l'Académie (1). Je dirai d'abord

(1) Il s'agit de l'Académie de Berlin.

ce que c'est que la littérature ; j'établirai la différence entre l'homme de lettres proprement dit et l'auteur. Je peindrai ensuite le caractère de modération, d'impartialité, d'indépendance, d'insouciance même qui constitue l'homme de lettres. Enfin je tâcherai de dire combien la littérature contribue au bonheur particulier, à l'agrément des sociétés et à la prospérité publique. Voilà un terrible stade à courir pour des jambes déjà bien raides, mais peut-être qu'en marchant elles se dégourdiront.

Que te dirai-je encore, bonne petite femme? Que je t'aime de tout mon cœur. C'est un sujet qui serait depuis longtemps épuisé s'il n'était inépuisable ; mais on ne se lasse pas plus de t'aimer que de vivre et de le dire que de respirer.

A propos, ma fille, j'ai reçu tes cent écus. J'ai peur qu'il n'en faille bientôt cent autres, car il faut alimenter pendant l'hiver tout ce qui doit nous alimenter pendant l'été. Si cependant tu ne peux pas me les envoyer sans te gêner, je ferai comme je pourrai (1). Mais je prévois dans peu un voyage à Petrikau ; il sera peut-être suivi d'un tour à Breslau. Tout cela coûte, et puis peut-être tournerai-je mon cheval du côté du pôle arctique. Adieu.

LXX

Tu n'auras encore qu'un mot, ma fille, car je suis dans le tourbillon des affaires et dans le gouffre des procès. Je

(1) La misère de certains émigrés était telle que M. de Brézé écrivait à madame de Sabran : « L'exiguïté de mes moyens me force, Madame, à vous prier de ne pas multiplier sans utilité les ports de lettres. J'ai honte de ce que je dis, mais j'ai si peu que je suis obligé de tout avouer. »

viens par l'ordre de ce bon Saint-Paterne de vendre la terre de Dobron à madame de Saint-Paul pour quinze mille six cents écus. Nous sommes à présent, elle, son mari et moi, sous le fléau d'un maudit notaire qui nous inonde de détails superflus dont ils ne sont ni l'un ni l'autre plus amoureux que ma femme et moi.

Quant aux procès, ils me sont intentés par M. de Roussy. L'un, parce que je lui ai signifié de vider la colonie et qu'il a sur ce point-là porté une plainte à la régence. Ne connaissant point sans doute l'étendue de mes droits, la régence m'a défendu, sous peine de douze ducats d'or d'amende, d'éloigner ce mauvais sujet-là de ma propre autorité.

L'autre procès est relatif à la prise que j'ai eue avec lui, dans laquelle il m'accuse de l'avoir traité de coquin, tandis que je me suis borné à lui dire que s'il ne prenait point son parti de s'éloigner sans bruit, il courrait risque de se faire chasser comme un coquin. Je souhaite que les membres de la régence de Petrikau soient meilleurs grammairiens que M. de Roussy et qu'ils reconnaissent toute la différence qu'un *si* et un *comme,* c'est-à-dire une supposition et une comparaison, apportent à une expression. Il n'y a personne, quelque estime qu'il ait pour lui-même, qui ne puisse dire : Si je faisais cela, je courrais risque d'être traité comme un coquin. Or, ce qu'un honnête homme peut dire de lui, je crois que tout homme peut le dire de M. de Roussy.

Au reste, mon enfant, je n'ai que le moment de t'embrasser.

LXXI

Ma fille, il me semble que voyant les variations et les incertitudes s'accumuler à chaque instant, tu aurais dû penser à moi, à ma peine, à mes ennuis, à ma misère, et remettre à des temps moins malheureux et surtout moins dangereux un voyage qu'alors j'aurais eu tant de plaisir à faire avec toi. Enfin, le sort en est jeté; puissent mes noirs pressentiments avorter comme il est si souvent arrivé à mes plus douces espérances, et puisse la maudite chouette qui s'égosille à nous prédire des malheurs être aussi menteuse que l'horoscope qui m'avait annoncé une heureuse vieillesse!

Du reste, tout va passablement ici, hors le nouveau jardin qui, à quelques arbres près, ne donne pas signe de vie. Les oies, les dindons et les cochons ne manqueront pas; nous aurons aussi des canards. Si tu touches quelque argent, il faudra de toute nécessité songer à monter une bergerie, d'abord parce que cela est d'un bon rapport, et puis parce que c'est le seul moyen d'avoir assez de fumier pour mettre la terre en valeur. Viendront ensuite la brasserie, et s'il se peut le moulin. Alors nous pourrons compter sur cinq ou six cents écus au delà de notre consommation. Ils pourront même dans la suite aller toujours en croissant et faire de ceci un petit domaine assez joli pour ceux qui m'y remplaceront.

La maison avance, mais doucement. On travaille à cette heure à crépir ton petit appartement. Si les choses vont toujours le même train, nous en serons à peu près quittes à la Pentecôte ou, comme le pauvre Marlborough, à la Trinité. La multiplication des portes et des fenêtres rendra les chambres incommodes, mais on y remédiera en condamnant les ouvertures inutiles.

J'ai écrit plusieurs fois, mais tu ne réponds à aucune de mes questions. Que faire avec des postes qui choisissent les lettres les plus intéressantes pour les égarer?

T'ai-je mandé que j'avais reçu de cette pauvre madame de Villers de Nancy une lettre sur de la gaze transparente, au travers de laquelle j'ai vu (à la vérité sans étonnement) que je ne reverrais rien de l'argenterie, des livres, des estampes, des tableaux que je lui avais confiés? Ma sœur les avait retirés quelques mois après mon départ de France, et tout cela est tombé avec elle dans l'abîme. Je ne sais comment font les gens qui retrouvent encore quelques paillettes dans les cendres de leurs habitations brûlées. Pour moi, je n'ai encore pu avoir de France depuis sept ans qu'un Dante, un Cicéron, la *Maison rustique*, le *Dictionnaire économique* et la collection des poètes latins, ce qui compose à peu près l'inventaire d'un poète crotté.

Comme nous le voyons par les lettres précédentes, les peines que prenait Boufflers aboutissaient souvent à des tracasseries et même à des ingratitudes. Il se dégoûta de la colonie avant que les travaux d'établissement fussent achevés, et, distribuant des portions importantes de sa propre terre à des émigrés français, sollicita la permission de rentrer dans son pays natal.

Revenu en France, il vécut modestement du produit de sa plume, très préoccupé du bonheur de ceux qui l'entouraient. Madame de Boufflers aimait son fils d'une affection qu'on peut comparer à celle de madame de Sévigné pour sa fille; elle souffrait quand il n'était pas auprès d'elle. Or, le comte Elzéar de Sabran s'absentait souvent, attiré surtout à Coppet par madame de Staël. S'il n'écoutait pas les appels désespérés de sa mère, Boufflers joignait ses instances à celles de la marquise; il écrivait même à madame de Staël, la priant de renvoyer son ami et retrouvant toute sa grâce pour s'adresser à l'enchanteresse. Voici une de ses lettres :

LXXII

Ce 27 décembre 1808.

Tirez-nous d'une mortelle inquiétude, aimable et chère Corinne. L'ami que vous avez pénétré d'un sentiment si tendre, et que vous pouviez seule distraire de ses chagrins, est malheureux quoiqu'il soit auprès de vous. Sa mère ne cesse de lui écrire; elle ne confie à personne qu'à elle ou à moi le soin de mettre ses lettres à la poste, et depuis environ un mois il se plaint de n'en recevoir aucune. Il croit qu'elle a de l'humeur du prolongement de son séjour auprès d'une personne aussi difficile à quitter, et qu'elle lui refuse la nourriture de l'absent. Il avait effectivement juré de ne faire qu'entr'ouvrir la porte de son paradis et de revenir tout de suite. Il a manqué à sa parole, mais qui de nous à sa place aurait pu la tenir? Ce qu'il doit le plus se reprocher, c'est d'avoir pensé, parce qu'il pouvait être coupable, que sa mère pouvait être sévère. Hélas! ce serait l'être envers elle-même : qui ne peut qu'aimer ne saurait punir. La pauvre femme reçoit, chaque jour de poste, des lettres plus tristes les unes que les autres. Il est troublé, il est malade, il craint même que la maladie ne devienne plus sérieuse. Toutefois il est chez vous, il aura votre présence, il aura votre conversation magique, il aura vos soins.

Mais écartons des idées que sa pauvre mère ne supporterait pas, pour aviser à de petits détails sur lesquels vous vous empresserez de la tranquilliser. Quand votre ami est parti, son absence devait être très courte, et il n'a emporté que trop juste ce qu'il lui fallait pour aller au but désiré et revenir au terme convenu. Maintenant que le terme est passé depuis si longtemps, je ne sais, à vous dire vrai, ou plutôt je sais où sont ses ressources. Si entre vous deux je ne connaissais que vous, chère Corinne, je ne penserais même pas à ces détails. Mais je le connais à fond, je sais qu'il pousse la vraie délicatesse jusqu'à la fausse, et qu'il pourrait vous faire l'injure de ne pas vous en parler.

Soyez donc assez généreuse pour lui avancer sur-le-champ de quoi vous quitter. Dix ou douze louis suffiront, et ils seront ici en réserve pour être remis, soit à monsieur votre fils au moment de son arrivée, soit au banquier dont vous nous donnerez l'adresse.

Adieu, singulière Corinne; on vous aime trop, c'est ce qui empêche de vous le dire assez.

Compromis par sa correspondance avec madame de Staël, le comte Elzéar fut arrêté en 1813. Il sortit de prison par l'entremise du duc de Reggio. Boufflers entreprit presque mourant un voyage en Lorraine, pour aller témoigner sa reconnaissance au duc de Reggio. Il languit encore quelques mois et quitta la vie qu'il appelait une maladie mortelle, le 18 janvier 1815.

La dernière lecture que lui fit M. de Sabran fut le *Phédon*, qui traite de l'immortalité de l'âme et raconte la fin de Socrate. Comme le comte ne pouvait retenir ses larmes à la mort du sage, il le consola. Occupé des autres jusqu'en ces moments suprêmes, il disait qu'il préférait laisser à ceux qu'il aimait un doux souvenir plutôt que des regrets douloureux, et qu'il voudrait faire écrire sur son cercueil : *Mes amis, croyez que je dors.* Ces paroles sont gravées sur son tombeau dans le cimetière du Père-La Chaise, où il repose à côté du poète Delille.

FIN.

PARIS
TYPOGRAPHIE DE E. PLON, NOURRIT ET Cie,
8, RUE GARANCIÈRE

A LA MÊME LIBRAIRIE :

PARIS. TYPOGRAPHIE DE E. PLON, NOURRIT ET Cie, RUE GARANCIÈRE, 8.

www.ingramcontent.com/pod-product-compliance
Ingram Content Group UK Ltd.
Pitfield, Milton Keynes, MK11 3LW, UK
UKHW021825190726
13853UKWH00003B/1185